이 땅의 낮은 자들과 함께 땅을 일구고 그들의 마음을 만지며 살아온 산마루교회의 이주연목사님께 이 책을 드립니다. 하나님의 법을 따라 사는 레위기적인 삶이 어떤 것인지를 보여주셨기 때문입니다.

하정완 목사와 성경읽기

레위기,

사람이
하나님을
만날 때

하정완 목사와 성경읽기

레위기, 사람이 하나님을 만날 때

지은이 · 하정완
펴낸이 · 이충석
꾸민이 · 성상건
편집디자인 · 자연DPS

펴낸날 · 2015년 5월 29일
펴낸곳 · 도서출판 나눔사
주소 · (우) 122-080 서울특별시 은평구 은평터널로7가길
　　　20, 303(신사동 삼익빌라)
전화 · 02)359-3429　팩스 02)355-3429
등록번호 · 2-489호(1988년 2월 16일)
이메일 · nanumsa@hanmail.net

ISBN　978-89-7027-168-2-03230

값 7,000원
잘못된 책은 바꾸어 드립니다.

하정완 목사와 성경읽기

레위기,

사람이
하나님을
만날 때

하정완 | 지음

나눔사

성경을 읽어야 사람은 살 수 있다

"태초에 하나님이 천지를 창조하시니라"(창1:1)

'하나님이 세상을 창조하셨다.' 하나님이 만드셨습니다. 여기서 잊지 말아야 할 것은 창조 이전의 모습입니다. 창세기는 이렇게 기록하였습니다.

"땅이 혼돈하고 공허하며 흑암이 깊음 위에 있고 하나님의 영은
수면 위에 운행하시니라"(창1:2)

하나님이 창조하시기 전 세상의 진실은 상상할 수 없는 혼란이었고, 어둠이었고, 절망이었습니다. 아무 것도 없었던 완벽한 카오스였습니다. 이 모습이 세상이었습니다.

그런데 우리도 이 세상의 일부였습니다. 창세기 2장에 나오는 하나님이 사람을 창조하시는 장면에서 우리의 근거가 기술되는 것을 알 수

있습니다.

> "여호와 하나님이 땅의 흙으로 사람을 지으시고"(창2:7)

여기에서 "흙"이라는 말로 사용된 히브리어 '아파르'는, 단순한 흙이 아니라 '찌꺼기 더미'라는 뜻입니다. 그것이 혼돈과 공허한 것의 내용입니다. 우리의 본질적인 모습입니다.

'세상의 본질, 사람의 근거는 허무와 혼돈, 무지와 사악 그리고 무질서, 결핍과 공허였다.' 이것이 창세기가 말하고 있는 이 세상과 사람의 뿌리입니다. 한마디로 말해서 'nothing' 아무 것도 아니었습니다. 그런데 그 같은 허무와 공허에서 하나님이 창조하신 것입니다. 이 창조의 핵심은 말씀이었습니다.

> "하나님이 이르시되 빛이 있으라 하시니 빛이 있었고... 그대로
> 되니라"(창1:3,7)

"빛이 있으라 하시니 빛이 있었다." 세상이 바뀐 것입니다. 혼돈과 어두움이 밝혀진 것입니다. 그러나 중요한 것은 빛이 생긴 것이 아니라, 빛의 원인이 바로 하나님이 말씀하신 것에서 시작되었다는 것입니다. 하나님이 혼돈과 무질서한 세상에 말씀으로 질서를 두신 것입니다. 이 아름다운 창조를 요한복음은 이렇게 기록하였습니다.

> "태초에 말씀이 계시니라 이 말씀이 하나님과 함께 계셨으니 이
> 말씀은 곧 하나님이시니라 그가 태초에 하나님과 함께 계셨고 만
> 물이 그로 말미암아 지은 바 되었으니 지은 것이 하나도 그가 없
> 이는 된 것이 없느니라"(요1:1-3)

창조의 핵심은 말씀이었습니다. 말씀으로 세상을 창조하신 것입니다. 말씀, 곧 성경이 중요한 이유입니다. 우리가 성경을 읽어야 하는 이유입니다. 말씀하는 순간 세상은 공허에서 질서가 잡혔고, 혼돈에서 소망이 생겼고, 죽음에서 생명이 드러났기 때문입니다. 그것이 창세기 1장이 말하고 있는 내용입니다.

> "하나님이 이르시되 빛이 있으라 하시니 빛이 있었고"(창1:3)

그러므로 크리스천은 무조건 하나님의 말씀, 곧 성경으로 살아야 합니다. 더욱이 우리의 본질은 혼돈과 공허함이었기 때문입니다. 오로지 성경만이 우리를 다시 새롭게 빚으시고 창조하실 것이기 때문입니다. 성경을 읽어야 사람이 살 수 있는 결정적인 이유입니다. 성경 없이 우리가 살 길은 없기 때문입니다.

성경 66권 전부를 읽고 묵상하는 것은 모든 크리스천의 로망입니다. '하정완 목사와 성경 읽기' 시리즈는 그 같은 로망에 대한 개인적인 응답이자 한국 교회와 함께 하고 싶은 열망이기도 합니다.

이 근사한 성경 읽기를 할 수 있었던 것은 꿈이 있는 교회라는 토양 때문입니다. 그래서 꿈이 있는 교회와 staff들 특히 원고를 정리해준 김유빈 전도사에게 감사를 드리며, 동시에 이 같은 출간을 흔쾌히 받아주신 나눔사 성상건 장로님과 직원들에게도 감사를 드립니다. 그러나 무엇보다 나의 신앙의 큰 지원자인 아내 서은희와 나의 주 하나님께 감사를 드립니다.

성서 한국을 꿈꾸며
하정완 목사

하정완 목사와 성경 읽기
책 사용 가이드

'하정완 목사와 성경 읽기' 시리즈는 성경을 읽되 가능한 깊이 묵상하며 읽는 것을 돕기 위하여 만들어졌습니다. 단순 통독이 아니라 깊은 묵상을 할 수 있도록 준비하였습니다.

1. 가능한 성경 본문을 읽고 생각하십시오.

가장 좋은 방법입니다. 제시된 성경 본문을 먼저 읽는 것입니다. 그리고 자신에게 주신 단어 혹은 구절에 대한 느낌을 꼭 적으시기 바랍니다.

2. 성경을 읽지 않아도 묵상할 수 있게 배려했습니다.

매우 성경 중심으로 글을 썼기 때문입니다. 비록 성경을 읽지 못한 상태로 읽어가도 충분히 이해할 수 있도록 성경을 인용하였습니다.

3. 묵상일기를 남기십시오.

반드시 글을 읽고 난 후에 '묵상' 란에 오늘 말씀을 통하여 깨닫게 된 것을 한 줄이라도 남기셔야 합니다. 일종의 묵상일기입니다.

4. 전체를 이어서 읽어도 됩니다.

매일 한 개씩 읽으면서 진행해도 되지만 전체를 이어 읽으면서 성경을 묵상하는 것도 좋은 방법입니다.

'성경 66권을 묵상하면서 읽다!'

이것이 목표입니다.

:: 차 례 ::

제 1 부

거룩에 이르는 법

하나님께 나아가는 법을 배우다

* Lexio 읽기 / 레위기 1:1-2

가능하면 오늘의 본문을 먼저 읽는 것이 좋지만 바로 아래 글을 읽어도 좋습니다. 충분히 본
문을 이해하도록 배려하며 글을 썼습니다. 혹시 본문을 읽으신 분은 감동이 오는 말씀이나
단어 혹은 느낌을 간단히 적으면 좋습니다.

"여호와께서 회막에서 모세를 부르시고 그에게 말씀하여 이르시

되"(레1:1)

사람이 하나님께 나아갈 수 있는 방법은 존재하지 않습니다. 부정하
고 더러운 사람이 거룩하신 하나님 앞에 나아가는 것 자체가 불가능한
일이기 때문입니다. 그런데 하나님이 모세를 회막, 소위 '미팅룸'(NIV/
Tent of Meeting)으로 부르신 것입니다. 그 곳에서 하나님은 모세에게
제사법을 가르치셨습니다.

"이스라엘 자손에게 말하여 이르라 너희 중에 누구든지 여호와

께 예물을 드리려거든 가축 중에서 소나 양으로 예물을 드릴지

니라"(레1:2)

'제사법을 가르치셨다!' 이것은 매우 중요합니다. 하나님이 가르쳐주
신 제사란 하나님에게로 사람이 나아갈 수 있도록 하는 방법이기 때문
입니다. 그러니까 하나님이 주신 레위기의 제사법과 그 외의 규례들은

모두 사람들과의 화해와 교제를 강력하게 원하시는 표현임을 알 수 있습니다.

하나님은 매우 단도직입적으로 모세에게 첫 시작부터 제사법을 말씀하셨습니다. 하나님의 강력한 의지를 알 수 있는 부분입니다.

우선 하나님은 번제를 시작으로 해서 총 다섯 종류의 예배에 대한 규례를 말씀하셨습니다. 그 첫 번째 그룹은 하나님과의 교제가 이루어지고 있을 때 드리는 제사로 번제(레1장), 소제(레2장), 화목제(레3장)입니다. 이 제사들은 특별히 어떤 죄 때문에 드리는 제사가 아닌 까닭에 자원하여 드리는 헌신의 제사이기도 합니다. 그래서 이 제사들은 하나님 앞에 "향기로운 냄새"(레1:9)의 제사라고 불려졌습니다.

반면에 두 번째 그룹의 속죄제(레4장)와 속건제(레5장)는 하나님과의 교제가 단절되었을 때 드리는 제사입니다.

결국 제사법을 통하여 우리는 하나님께 나아가는 법을 배우고 예수 그리스도의 희생제사의 완전함을 배우게 될 것입니다.

'레위기는 지루한 책이 아닙니다. 하나님께 나아가는 법을 적은 책입니다. 그러므로 기대함으로 참여하십시오.'

* Meditatio 묵상
오늘 말씀을 통하여 깨닫게 된 것을 짧게 적어보십시오.

희생 없는 번제는 없다, 번제

* Lexio 읽기 / 레위기 1:3-17
가능하면 오늘의 본문을 먼저 읽는 것이 좋지만 바로 아래 글을 읽어도 좋습니다. 충분히 본문을 이해하도록 배려하며 글을 썼습니다. 혹시 본문을 읽으신 분은 감동이 오는 말씀이나 단어 혹은 느낌을 간단히 적으시면 좋습니다.

> "그 예물이 소의 번제이면 흠 없는 수컷으로 회막 문에서 여호와
>
> 앞에 기쁘게 받으시도록 드릴지니라"(레1:3)

자원하여 드리기에 향기로운 냄새의 제사인 "번제"(NIV/burnt offering)는 제물을 불태워 드리는 제사입니다. 그 제물이 소일 경우에는 반드시 "흠 없는 수컷"이어야 했습니다.

그런데 여기서 좀 더 주의해서 볼 부분은 "가축"(레1:2)이었다는 점입니다. 즉, 집에서 기른 짐승이었습니다. 들에서 사는 들소나 야생 동물이 아니었습니다. 결국 제물로 드려지는 소는 오랫동안 가족처럼 키운 가축을 내놓는 것이었으므로 그것 자체가 고통이었음을 알 수 있습니다.

예배의 신중함과 희생이 어떤 것인지를 알게 하는 대목입니다. 그러니까 예배는 소를 제물로 바치는 행위가 중요한 것이 아니라 그 예배를 드리는 자의 마음과 희생, 헌신과 대가를 지불하는 것이 중요하다는 것

을 알 수 있습니다.

자원하는 것일지라도 왜 이런 제사가 필요한 것입니까? 성경을 자세히 읽어보면 제물을 드릴 때 드리는 사람은 "번제물의 머리에 안수"(레 1:4)를 하여 드리는 사람의 죄를 대신하는 의식을 하였습니다. 번제 역시 죄에 대한 것이었습니다. 그러므로 사람들은 자기 대신 죄를 뒤집어쓰고 죽는 의식을 통하여 겸손과 내려놓음을 배워야 했던 것입니다.

제사의 의식은 먼저 송아지를 죽인 후 그 피를 회막 문 앞 제단 사방에 뿌리고 각을 뜨고 제단 위에 올려 불태웠습니다.

이 같은 번제는 수송아지로만 드릴 수 있는 것이 아니라 소와 양 대신 "산비둘기나 집비둘기"(레1:14)로도 드릴 수 있었습니다. 당시에 가난한 자들이 그렇게 제사를 드렸습니다. 그러니까 제사의 행위는 물질의 많고 적음과 관계있는 것이 아니었습니다. 하나님은 우리들에게 하나님에게로 나오는 길을 열어놓으신 것입니다. 그것이 중요합니다.

'나중에 사람들은 자신들의 죄를 대신하여 죽는 것을 보면서도 그들은 겸손이 아니라 형식에 매몰되어갔습니다. 우리의 예배도 혹시 예수의 십자가와 희생은 기억하지 않고 형식만 남아있는 것은 아닙니까?'

* Meditatio 묵상
오늘 말씀을 통하여 깨닫게 된 것을 짧게 적어보십시오.

피 흘림이 없는 제사, 소제

* Lexio 읽기 / 레위기 2:1-16

가능하면 오늘의 본문을 먼저 읽는 것이 좋지만 바로 아래 글을 읽어도 좋습니다. 충분히 본문을 이해하도록 배려하며 글을 썼습니다. 혹시 본문을 읽으신 분은 감동이 오는 말씀이나 단어 혹은 느낌을 간단히 적으시면 좋습니다.

"누구든지 소제의 예물을 여호와께 드리려거든 고운 가루로 예물을 삼아 그 위에 기름을 붓고 또 그 위에 유향을 놓아 아론의 자손 제사장들에게로 가져갈 것이요"(레2:1-2)

거의 모든 제사가 피 흘림이 있는 제사이지만 소제만은 피 흘림이 없는 제사입니다. 소제를 드릴 때에는 곡식을 빻아 "고운 가루"로 만든 후 그 위에 기름과 유향을 붓고 제사장에게 드리면 제사장은 제단 위에서 불살라 하나님께 제사를 드렸습니다. 역시 자원해서 드리는 향기로운 냄새의 제사였습니다.

"제사장은 그 고운 가루 한 움큼과 기름과 그 모든 유향을 가져다가 기념물로 제단 위에서 불사를지니 이는 화제라 여호와께 향기로운 냄새니라"(레2:2)

어찌 보면 소제가 모든 제사 중 가장 아름다운 제사라고 할 수 있습니다. 자원하는 제사들 중에 번제와 화목제에는 죄의 대속의 의미가 있었지만 소제만큼은 죄와 관계가 없는 제사였기 때문입니다.

그런 까닭에 소제는 고운 가루로 불살라 드렸습니다. 만일 "화덕에 구운 것으로 소제의 예물"(레2:4)을 드리는 경우에는 누룩이 들어가지 않은, 기름을 섞어 만든 "무교병"이나 기름을 바른 "무교전병"으로 드려야 했습니다. 일반적으로 누룩은 죄로 상징되었는데, 누룩을 넣지 않았다는 것은 그 자체로 지극한 아름다운 예물이었다는 뜻이었습니다. 바울의 기록을 보면 누룩의 의미를 알 수 있습니다.

> "우리가 명절을 지키되 묵은 누룩으로도 말고 악하고 악의에 찬 누룩으로도 말고 누룩이 없이 오직 순전함과 진실함의 떡으로 하자"(고전5:8)

"소제"의 히브리어는 '민하' 인데, '선물, 봉헌'의 의미로도 쓰입니다. 그러므로 감사의 의미가 담겨있는 가장 깨끗한 제사임을 알 수 있습니다. 소제는 화려하지 않았습니다. 누룩도 꿀도 넣지 못하였고, 오히려 소금을 넣어 정결을 상징하였습니다.

> "네 모든 소제물에 소금을 치라 네 하나님의 언약의 소금을 네 소제에 빼지 못할지니 네 모든 예물에 소금을 드릴지니라"(레2:13)

'우리가 늘 이처럼 소제로 감사하는 삶을 살 수 있다면 얼마나 행복하겠습니까?'

* Meditatio 묵상
오늘 말씀을 통하여 깨닫게 된 것을 짧게 적어보십시오.

우리와 화목하기 원하신다, 화목제

* Lexio 읽기 / 레위기 3:1-17
가능하면 오늘의 본문을 먼저 읽는 것이 좋지만 바로 아래 글을 읽어도 좋습니다. 충분히 본
문을 이해하도록 배려하며 글을 썼습니다. 혹시 본문을 읽으신 분은 감동이 오는 말씀이나
단어 혹은 느낌을 간단히 적으시면 좋습니다.

"사람이 만일 화목제의 제물을 예물로 드리되 소로 드리려면 수
컷이나 암컷이나 흠 없는 것으로 여호와 앞에 드릴지니"(레3:1)

제사 드리는 방식은 비슷하지만 화목제는 다른 제사들과 약간 다른
것이 있었습니다. 앞에서 살핀 것처럼 번제의 경우는 가축이 수컷이어
야 했지만 화목제는 암컷도 가능했습니다. 물론 흠이 있어서는 안 되었
습니다.

"화목제"의 히브리어 단어 '쉐렘'에는 '감사와 보답'의 의미가 있는 까
닭에 하나님과의 교제에 초점이 맞춰진 제사였습니다. 그런 까닭에 '친
교제'(KJV/peace offering, NIV/fellowship offering)라고도 부릅니다.

죄를 범한 우리, 그래서 하나님은 하나님과 화해할 수 있는 길로 화
목제를 만드신 것입니다. 화목제 역시 먼저 자신의 죄를 제물에게 전가
한 후 드리는 것으로 표현되었지만 그 동기는 하나님과의 화해를 하나
님이 여는 것이었습니다.

'하나님과 화목하다.' 그 화목의 표현은 이웃 그리고 공동체와의 화해로 표현되게 하였습니다. 그러므로 화목제로 드려진 제물은 다 같이 어울려 먹는 것으로 진행되었습니다.

> "감사함으로 드리는 화목제물의 고기는 드리는 그 날에 먹을 것
> 이요 조금이라도 이튿날 아침까지 두지 말 것이니라"(레7:15)

이 아름다운 제사의 완성은 예수 그리스도께서 십자가에서 죽으심으로 완성되었습니다. 그것은 하나님과의 완전한 화해였습니다. 주님이 화목제물이 되심으로 말입니다.

> "이 예수를 하나님이 그의 피로써 믿음으로 말미암는 화목제물로
> 세우셨으니 이는 하나님께서 길이 참으시는 중에 전에 지은 죄를
> 간과하심으로 자기의 의로우심을 나타내려 하심이니"(롬3:25)

'하나님은 우리와 화해하기를 원하셨습니다. 그것이 아들 예수를 영원한 화목제물로 허락하신 이유입니다. 하나님의 간절한 화해 요청을 받는 것은 당연한 것 아닙니까?'

* Meditatio 묵상
오늘 말씀을 통하여 깨닫게 된 것을 짧게 적어보십시오.

무의식 중에 지은 죄를 위한 제사, 속죄제

* Lexio 읽기 / 레위기 4:1-35
가능하면 오늘의 본문을 먼저 읽는 것이 좋지만 바로 아래 글을 읽어도 좋습니다. 충분히 본문을 이해하도록 배려하며 글을 썼습니다. 혹시 본문을 읽으신 분은 감동이 오는 말씀이나 단어 혹은 느낌을 간단히 적으시면 좋습니다.

"누구든지 무의식 중에 나 여호와가 금한 명령 중 하나를 어겼을 경우에는 이렇게 하여라."(현대인의성경/레4:2)

속죄제는 단어 느낌 그대로 죄를 지었을 때 드리는 제사입니다. 단, 그 죄가 의도적인 것이 아니어야 하고 "무의식 중"이거나 "부지중"에 지은 죄를 깨닫게 되었을 때여야 합니다. '깨닫게 되었을 때!' 이것이 중요합니다.

"만일 이스라엘 온 회중이 여호와의 계명 중 하나라도 부지중에 범하여 허물이 있으나 스스로 깨닫지 못하다가 그 범한 죄를 깨달으면 회중은 수송아지를 속죄제로 드릴지니"(레4:13-14)

속죄제를 드릴 때, 제사장(레4:3-12), 온 회중(레4:13-21), 족장(레4:22-26) 그리고 평민 한 사람(레4:27-35)이 드리는 방법이 약간씩 달랐습니다. 물론 선택된 제물을 회막 문으로 가져와 제물의 머리에 안수한 후 잡는 것은 다른 제사들과 동일하지만 그 후 의식이 달랐습니다.

다른 제사들과 가장 큰 차이는 번제나 화목제의 경우 동물의 피를 단 주위에 뿌렸지만 속죄제는 피를 번제단 밑에 쏟았습니다(레 4:7,18,25,34).

그리고 속죄제 안에서도 드리는 방법의 차이가 조금씩 있었습니다. 제사장이나 온 회중의 경우 회막 안으로 들어가 손가락에 그 피를 찍어 성소의 휘장에 일곱 번을 뿌렸습니다. 이것은 족장이나 평민의 경우 회막 안으로 들어가지 않고 회막 뜰에 위치한 번제단의 뿔에 바르는 경우와 달랐습니다.

> "기름 부음을 받은 제사장은 그 수송아지의 피를 가지고 회막에
> 들어가서 그 제사장이 손가락에 그 피를 찍어 여호와 앞 곧 성소
> 의 휘장 앞에 일곱 번 뿌릴 것이며"(레4:5−6)

이 같은 피를 뿌리는 의식에 이어 제물의 고기를 처리하는 의식도 약간 달랐습니다. 특히 제사장이나 온 회중이 드리는 속죄제에서 고기와 내장 등 모든 것을 태워버렸지만(레4:11−12,21) 평민의 속죄제의 경우 기름을 태우고(레4:31,35) 나머지 고기는 제사장에게 주었습니다(레 6:26−30).

'무의식 중에 지은 죄라도 깨달았을 때 그 죄에서 놓임 받는 길을 제시한 하나님의 배려를 어떻게 생각하십니까?'

* Meditatio 묵상
오늘 말씀을 통하여 깨닫게 된 것을 짧게 적어보십시오.

피 흘림 없이도 죄 사함이 있다

* Lexio 읽기 / 레위기 5:1-13
가능하면 오늘의 본문을 먼저 읽는 것이 좋지만 바로 아래 글을 읽어도 좋습니다. 충분히 본문을 이해하도록 배려하며 글을 썼습니다. 혹시 본문을 읽으신 분은 감동이 오는 말씀이나 단어 혹은 느낌을 간단히 적으시면 좋습니다.

> "율법을 따라 거의 모든 물건이 피로써 정결하게 되나니 피흘림
> 이 없은즉 사함이 없느니라"(히9:22)

'피 흘림이 없이는 죄 사함이 없다.' 성경이 말하고 있는 속죄의 원칙입니다. 예수 그리스도가 십자가에서 피 흘려 죽으신 이유입니다.

그래서 가난한 이들도 하나님께 속죄제를 드릴 때는 반드시 피 흘림이 있어야 했기에 송아지나 양, 염소로 제물을 드릴 수 없는 형편일 경우에는 "산비둘기 두 마리 혹은 집비둘기 두 마리"를 제물로 바칠 수 있었던 것입니다. 그런데 이상한 기록이 있습니다. 피 흘림이 없는 제사에 대한 것입니다.

> "만일 그의 손이 산비둘기 두 마리나 집비둘기 두 마리에도 미치
> 지 못하면 그의 범죄로 말미암아 고운 가루 십분의 일 에바를 예
> 물로 가져다가 속죄제물로 드리되"(레5:11)

24

속죄제물로 비둘기도 드릴 형편이 안 될 경우에는 읽은 것처럼 "고운 가루 십분의 일 에바를 속죄제물"로 바칠 수도 있었습니다. 피 없이도 속죄제가 가능했던 것입니다.

> "그가 사제에게 그것을 바치면, 사제는 가루 한 움큼을 쥐어서 야
> 훼께 살라 바치는 제물 위에 얹어 정성의 표시로 제단에서 살라
> 야 한다. 이것이 속죄제물이다."(공동번역/레5:12)

그러니까 속죄제를 드릴 때 히브리서 말씀처럼 반드시 피 흘림이 있어 야만 하는 것은 아니었습니다. 살핀 것처럼 약간의 예외가 있었습니다.

하지만 하나님은 우리의 죄에 대한 대속을 예외를 두지않고 철저히 율법에 따라 피 흘림의 제사를 따르셨습니다. 예외가 전혀 없는 가장 완전한 방법을 택하신 것입니다.

> "이 뜻을 따라 예수 그리스도의 몸을 단번에 드리심으로 말미암
> 아 우리가 거룩함을 얻었노라"(히10:10)

'우리가 죄에서 놓임 받는 것이 주님의 간절한 뜻입니다. 꼭 기억하 셔야 됩니다.'

* Meditatio 묵상
오늘 말씀을 통하여 깨닫게 된 것을 짧게 적어보십시오.

갚아야 죄는 용서된다, 속건제

* Lexio 읽기 / 레위기 5:14–6:7

가능하면 오늘의 본문을 먼저 읽는 것이 좋지만 바로 아래 글을 읽어도 좋습니다. 충분히 본문을 이해하도록 배려하며 글을 썼습니다. 혹시 본문을 읽으신 분은 감동이 오는 말씀이나 단어 혹은 느낌을 간단히 적으시면 좋습니다.

"누구든지 여호와의 성물에 대하여 부지중에 범죄하였으면 여호와께 속건제를 드리되"(레5:15)

속건제는 다른 제사들에 비해 생소한 제사 예배입니다. 속건제는 하나님의 물건과 사람에게 잘못을 범한 것에 대해 다시 되갚는 것과 관련된 제사로 '손해배상제'(CEB/compensation offering)라 명칭 됩니다.

가장 먼저 속건제를 드려야 할 죄는 하나님에게 속한 "성물"에 대한 범죄와 관련이 있습니다. 이 경우 성물의 정해진 액수만큼의 숫양을 잡아다가 속건제로 드려야 했고, 그 성물에 오분의 일을 더해서 제사장에게 돌리도록 하였습니다.

우리가 간과하지 말아야 할 태도입니다. 사실 우리는 하나님에게 속한 것들을 함부로 자신의 소유처럼 사용하거나 그렇게 행동하는 이들을 봅니다. 교회 안의 성물, 헌금에 대한 것을 함부로 쓰는 것 말입니다. 아무리 담임목사라 할지라도 교회 재정을 함부로 쓰거나 교회의 모든 물건을 함부로 대하는 것은 옳지 않습니다. 더욱이 '세습'이라는 말 자체는 속건제를 드려야 할 치명적 경우일 것입니다. 참 부끄러운 일입니다.

속건제를 말하면서 깊이 생각해야 하는 또 다른 것은 다른 사람에게 피해를 줬을 때의 문제입니다. 하나님의 말씀은 매우 분명합니다. 사람에게 잘못을 범한 사람이 용서받기 위해서는 원래 피해를 변상해주고 더불어 오분의 일에 해당하는 배상금을 지불해야 했습니다. 뿐만 아니라 하나님께 속건제를 드려야 했습니다. 그래야 용서되었습니다.

> "누구든지 여호와께 신실하지 못하여 범죄하되 곧 이웃이 맡긴 물건이나 전당물을 속이거나 도둑질하거나… 모든 물건을 돌려보내되 곧 그 본래 물건에 오분의 일을 더하여 돌려보낼 것이니 그 죄가 드러나는 날에 그 임자에게 줄 것이요 그는 또 그 속건제물을 여호와께 가져갈지니"(레6:2,5-6)

'우리는 너무 쉽게 나의 잘못을 쉽게 용서합니다. 정작 피해자가 받아들이고 있는지를 묻지 않고 말입니다. 그런 값싼 용서를 위해 주님의 대속을 함부로 사용하지는 않았는지 물어보십시오.'

* Meditatio 묵상
오늘 말씀을 통하여 깨닫게 된 것을 짧게 적어보십시오.

제단에 붙은 불을 끄지 말라

* Lexio 읽기 / 레위기 6:8-30
가능하면 오늘의 본문을 먼저 읽는 것이 좋지만 바로 아래 글을 읽어도 좋습니다. 충분히 본문을 이해하도록 배려하며 글을 썼습니다. 혹시 본문을 읽으신 분은 감동이 오는 말씀이나 단어 혹은 느낌을 간단히 적으시면 좋습니다.

- -

- -

"아론과 그의 자손에게 명령하여 이르라 번제의 규례는 이러하니라 번제물은 아침까지 제단 위에 있는 석쇠 위에 두고 제단의 불이 그 위에서 꺼지지 않게 할 것이요"(레6:9)

번제는 가장 기본적인 제사입니다. 소제, 화목제와 함께 향기로운 냄새의 제사로 자원하는 제사입니다. 그러나 감사의 의미가 담겨있는 소제나 하나님의 화목과 교제를 추구하는 의미의 화목제와 달리 번제는 모든 제사의 원형, 우리가 드리는 예배의 원형이라 할 수 있습니다.

예를 들어 아브라함이 이삭을 하나님께 바친 제사가 번제였습니다. 완벽한 자기 부정과 헌신이 있어야 가능한 것이었습니다. 번제가 아름다운 이유입니다. 특히 번제를 말할 때 주의해야 할 것이 있었습니다. 절대로 제단의 불이 꺼져서는 안 되는 것이었습니다.

그 불의 기원은 레위기 9장에 나오는 "불이 여호와 앞에서 나와 제단 위의 번제물과 기름을 사른"(레9:24) 것과 관계가 있습니다. 그런 까닭에 제사장의 주 임무 중에 하나가 제단의 불이 꺼지지 않게 하는 것이었습니다.

여하튼 '제단에 붙은 불이 꺼지지 않게 하는 것'이 중요했습니다. 그 것은 우리의 예배가 계속되어야 한다는 의미입니다. 우리의 헌신과 희생 그리고 자신의 죄를 성찰함으로 하나님 앞에 서는 것은 단 하루도 쉬어서는 안 되는 것을 말하였습니다.

> "제단 위의 불은 항상 피워 꺼지지 않게 할지니 제사장은 아침마다 나무를 그 위에서 태우고 번제물을 그 위에 벌여 놓고 화목제의 기름을 그 위에서 불사르며 불은 끊임이 없이 제단 위에 피워 꺼지지 않게 할지니라"(레6:12-13)

이 불은 모든 제사를 위한 것이었습니다. 그리고 언제나 제단에 불이 붙어있었다는 것은 우리가 드리는 예배의 응급성과 일상성을 말하는 것이라 할 수 있습니다. 단 한 순간도 쉴 수 없는 것이 예배이고 늘 하나님 앞에 깨어있어야 하기 때문이었습니다.

'제단에 붙은 불을 끄지 말라. 우리가 잊지 말아야 할 예배자의 태도입니다. 잊지 마십시오.'

* Meditatio 묵상
오늘 말씀을 통하여 깨닫게 된 것을 짧게 적어보십시오.

동물의 피를 먹지 말라

* Lexio 읽기 / 레위기 7:1-27
가능하면 오늘의 본문을 먼저 읽는 것이 좋지만 바로 아래 글을 읽어도 좋습니다. 충분히 본문을 이해하도록 배려하며 글을 썼습니다. 혹시 본문을 읽으신 분은 감동이 오는 말씀이나 단어 혹은 느낌을 간단히 적으시면 좋습니다.

"불은 끊임이 없이 제단 위에 피워 꺼지지 않게 할지니라"(레6:13)

앞에서 살핀 다섯 가지의 제사에 대한 세부 규례가 6장과 7장에 기록되어 있습니다. 번제(레6:8-13), 소제(레6:14-23), 속죄제(레6:24-30), 속건제(레7:1-10), 화목제(레7:11-21) 순입니다. 그러나 이미 앞에서 다섯 가지의 제사를 설명할 때 그 내용들을 언급하였기 때문에 자세히 살피지는 않겠습니다.

화목제를 제외하고 다른 제사에 드려진 제물들은 제사장과 아론의 자손들만 먹을 수 있었습니다. 하지만 그들에게조차 금지된 것이 있었습니다. 곧 피와 기름이었습니다. 물론 기름은 먹지만 않는다면 다른 용도로 쓸 수는 있었습니다. 하지만 피는 어떤 다른 용도로도 안 되고 반드시 다 태워야 했습니다.

"사람이 여호와께 화제로 드리는 제물의 기름을 먹으면 그 먹는
자는 자기 백성 중에서 끊어지리라 너희가 사는 모든 곳에서 새

나 짐승의 피나 무슨 피든지 먹지 말라 무슨 피든지 먹는 사람이
있으면 그 사람은 다 자기 백성 중에서 끊어지리라"(레7:25-27)

하나님이 강력하게 피를 먹지 말라고 하신 이유는 그 피에 생명이 있기 때문이라고 말씀하셨습니다.

"육체의 생명은 피에 있음이라 내가 이 피를 너희에게 주어 제단
에 뿌려 너희의 생명을 위하여 속죄하게 하였나니 생명이 피에
있으므로 피가 죄를 속하느니라"(레17:11)

"육체의 생명은 피에 있다"는 말은 피를 먹는 순간 그 동물과 연합된다는 의미이기도 했습니다. 그런 까닭에 성만찬 때 주님께서 피로 상징하는 포도주를 제자들에게 주신 것이 어떤 의미인지 알 수 있는 부분입니다. 그래서 주님은 우리에게 자신의 피를 마실 것을 상징적으로 말씀하신 것입니다.

"내 살은 참된 양식이요 내 피는 참된 음료로다 내 살을 먹고 내
피를 마시는 자는 내 안에 거하고 나도 그의 안에 거하나니"
(요6:55-56)

'피를 먹고 마시는 것을 어떻게 생각하십니까?'

* Meditatio 묵상
오늘 말씀을 통하여 깨닫게 된 것을 짧게 적어보십시오.

거제와 요제

* Lexio 읽기 / 레위기 7:28-38
가능하면 오늘의 본문을 먼저 읽는 것이 좋지만 바로 아래 글을 읽어도 좋습니다. 충분히 본
문을 이해하도록 배려하며 글을 썼습니다. 혹시 본문을 읽으신 분은 감동이 오는 말씀이나
단어 혹은 느낌을 간단히 적으시면 좋습니다.

"감사함으로 드리는 화목제물의 고기는 드리는 그 날에 먹을 것
이요 조금이라도 이튿날 아침까지 두지 말 것이니라"(레7:15)

하나님이 말씀하신 다섯 가지 제사, 번제, 소제, 화목제, 속죄제, 속
건제 중에 가장 관심이 가는 제사는 화목제입니다. 향기로운 냄새의 제
사 중 하나이자 화목제의 내용 때문입니다.

무엇보다 화목제는 말 그대로 우리와 화목하기 원하시는 하나님의
뜻이 강력하게 들어있기 때문입니다. 더욱이 예수 그리스도가 화목제
물이 되었기 때문이기도 합니다.

화목제물은 다른 제물이 하나님께 온전히 드려지는 경향과 달리 하
나님께 드려지는 것과 함께 제사장 그리고 평민들까지 함께 먹는 제사
였습니다. 더욱이 음식물을 함께 먹는 기간을 하루로 정함으로 누군가
인색함으로 남겨두는 경향을 제한하였습니다. 더불어 하나님은 하나님
을 섬기는 일을 하는 제사장들을 위해 특별한 배려를 하셨습니다. 바로

32

거제와 요제였습니다.

말 그대로 거제(擧, 들거)는 제물을 위로 들었다 놓는 것이고, 요제(搖, 흔들릴요)는 제물을 흔들어 드리는 것입니다. 거제는 단어의 뜻대로 그 제물을 "든 뒷다리"라고 했고, 요제의 제물을 "흔든 가슴"이라고 불렀습니다.

두 제사 방법의 특별한 차이는 없는 것으로 보입니다. 성경 역시 방식 외에 특별한 구별을 하지 않기 때문입니다. 오히려 공통점이 있는데, 제사장의 몫으로 주어졌다는 점입니다.

> "내가 이스라엘 자손의 화목제물 중에서 그 흔든 가슴과 든 뒷다리를 가져다가 제사장 아론과 그의 자손에게 주었나니 이는 이스라엘 자손에게서 받을 영원한 소득이니라"(레7:34)

'하나님은 참 세심하십니다. 모든 것을 배려하시는 하나님을 아버지라 부를 수 있다는 것이 너무 좋지 않습니까?'

* Meditatio 묵상
오늘 말씀을 통하여 깨닫게 된 것을 짧게 적어보십시오.

제 2 부

제사장의 거룩

제사장, 주의 종의 조건

* Lexio 읽기 / 레위기 8:1-29
가능하면 오늘의 본문을 먼저 읽는 것이 좋지만 바로 아래 글을 읽어도 좋습니다. 충분히 본문을 이해하도록 배려하며 글을 썼습니다. 혹시 본문을 읽으신 분은 감동이 오는 말씀이나 단어 혹은 느낌을 간단히 적으시면 좋습니다.

"너는 아론과 그의 아들들과 함께 그 의복과 관유와 속죄제의 수
송아지와 숫양 두 마리와 무교병 한 광주리를 가지고 온 회중을
회막 문에 모으라"(레8:2-3)

제사장직은 아론과 그 아들들에게 주어졌습니다. 8장은 제사장 위임식에 대한 기록입니다. 위임식의 절차는 먼저 회중을 성막 앞에 모으고 아론과 그의 아들들을 물로 씻긴 후 아론에게 예복을 입혔습니다. 모세는 아론에게 관유를 부었고 속죄제, 번제와 위임제를 드렸습니다. 그리고 제사장들은 그 제물을 하나님 앞에서 먹고 일주일 동안 성막 안에 머물러 있어야 했습니다.

여기서 기억해야 할 것은 제사장들이 드린 속죄제입니다. 그들 역시 깨끗하지 않은 존재임을 말하는 것이었습니다. 제사장 역시 늘 속죄제가 필요한, 특별하지 않은 존재였습니다. 하나님이 구별하신 것일 뿐입니다.

우리가 주의 깊게 봐야 할 것은 제사장 위임제를 할 때 의식입니다. 속죄제로 수송아지를 드리고, 번제로 숫양을 드린 후였습니다. 위임제를 할 때 두 번째 숫양이 드려집니다. 그때 모세가 숫양의 피를 취하여 아론을 비롯한 제사장들의 "오른쪽 귓부리와 그들의 오른쪽 엄지 손가락과 그들의 오른쪽 엄지 발가락"에 바르는 의식을 하였습니다.

> "모세가 잡고 그 피를 가져다가 아론의... 아론의 아들들을 데려
> 다가 모세가 그 오른쪽 귓부리와 그들의 손의 오른쪽 엄지 손가
> 락과 그들의 발의 오른쪽 엄지 발가락에 그 피를 바르고 또 모세
> 가 그 피를 제단 사방에 뿌리고"(레8:23-24)

특히 귓부리에 피를 발랐다는 것은 제사장에게 중요한 것이 '듣는 것'이란 말이고, 손가락과 발가락에 발랐다는 것은 '순종'을 상징하는 것이었습니다. 그렇게 제사장들은 하나님의 말씀을 듣고 순종하는 것이 가장 중요한 것이었습니다.

'주의 종들이 하나님의 말씀을 듣지 못할 때 주의 말씀대로 사는 순종은 불가능한 것입니다. 그러므로 듣는 것이 중요합니다. 그렇다면 나는 어떻습니까?'

* Meditatio 묵상
오늘 말씀을 통하여 깨닫게 된 것을 짧게 적어보십시오.

- -

- -

제사장, 하나님만 예배하는 자

* Lexio 읽기 / 레위기 8:30–36
가능하면 오늘의 본문을 먼저 읽는 것이 좋지만 바로 아래 글을 읽어도 좋습니다. 충분히 본
문을 이해하도록 배려하며 글을 썼습니다. 혹시 본문을 읽으신 분은 감동이 오는 말씀이나
단어 혹은 느낌을 간단히 적으시면 좋습니다.

"모세가 아론과 그의 아들들에게 이르되 내게 이미 명령하시기를
아론과 그의 아들들은 먹으라 하셨은즉 너희는 회막 문에서 그 고
기를 삶아 위임식 광주리 안의 떡과 아울러 그 곳에서 먹고"(레8:31)

위임제를 한 후에 아론과 아들들, 곧 제사장들이 "회막 문에서" 그
고기를 삶아 위임식 광주리 안의 떡과 더불어 먹었다는 것은 매우 의미
가 있습니다.

사실 제물은 오로지 하나님께 드려지는 것이었습니다. 그런데 그 제
물을 먹는다는 것은 하나님의 거룩함에 참여한다는 것을 말했습니다.
그러므로 특별한 것이었습니다. 하나님의 음식에 참여한다는 것만으로
도 특별하고 구별된 거룩한 존재가 된다는 의미였습니다. 이렇게 제사
장이 된다는 것은 하나님의 거룩함에 참여하는 것이었고 특별하고 구
별된 거룩한 존재가 된다는 것이었습니다.

이 위임식은 칠 주야를 회막 문에 머물면서 치러졌는데, 그들이 그

곳에 머물면서 한 것은 오로지 예배였습니다.

> "그러니 죽지 않으려거든 칠 일 동안을 꼬박 만남의 장막 문 안에
> 머물러 있으면서 절차를 따라 야훼께 예배를 드려야 하오. 이것
> 이 내가 받은 명령이오."(공동번역/레8:35)

그러니까 제사장은 예배를 드리는 자였습니다. 예배를 생활화해야
하는 자들이었습니다.

또 한 가지 잊지 말아야 할 것은 제사장들이 드리는 예배는 오로지
하나님과의 관계 속에서 이루어진다는 것입니다. 사람과 관계있는 것
이 아니라 오로지 하나님과의 만남이었기 때문입니다. 그것이 온전한
예배였습니다.

언제부터인가 우리의 예배는 사람을 의식하고 사람을 기쁘게 만드
는 사람 중심의 예배가 된 것이 사실입니다. 당연히 목회자 역시 사람
을 기쁘게 하는 예배와 설교를 준비하는 모습을 띄게 된 것도 사실입
니다. 그러므로 하나님만 바라보는 예배자의 회복이 필요한 것입니다.
먼저 목회자들에게서부터 말입니다.

'나는 하나님만 바라보는 예배자라 말할 수 있습니까?'

* Meditatio 묵상
오늘 말씀을 통하여 깨닫게 된 것을 짧게 적어보십시오.

언제나 정결해야 한다

* Lexio 읽기 / 레위기 9:1-21

가능하면 오늘의 본문을 먼저 읽는 것이 좋지만 바로 아래 글을 읽어도 좋습니다. 충분히 본
문을 이해하도록 배려하며 글을 썼습니다. 혹시 본문을 읽으신 분은 감동이 오는 말씀이나
단어 혹은 느낌을 간단히 적으시면 좋습니다.

> "위임식은 이레 동안 행하나니 위임식이 끝나는 날까지 이레 동
> 안은 회막 문에 나가지 말라 오늘 행한 것은 여호와께서 너희를
> 위하여 속죄하게 하시려고 명령하신 것이니 너희는 칠 주야를 회
> 막 문에 머물면서 여호와께서 지키라고 하신 것을 지키라"
>
> (레8:33-35)

칠 주야 동안의 제사장 위임식은 하나님과의 깊은 만남의 의식이었
습니다. 그것은 제사장이 준비해야 할 첫 번째 것이었습니다.

여덟째 날 드디어 제사장으로의 직무를 시작하는 순간이 왔습니다.
그들이 처음으로 백성들을 위해 번제, 화목제, 속죄제 등을 집전하게
되었습니다. 그런데 하나님이 모세를 통하여 제사장들이 다시 한 번 더
자신들을 위한 속죄제와 번제를 드릴 것을 요청하신 것입니다.

> "모세가 또 아론에게 이르되 너는 제단에 나아가 네 속죄제와 네
> 번제를 드려서 너를 위하여, 백성을 위하여 속죄하고 또 백성의

예물을 드려서 그들을 위하여 속죄하되 여호와의 명령대로 하
라"(레9:7)

이미 그들은 위임식을 할 때 드렸던 위임제에서 속죄제와 번제 등을
행했습니다. 그리고 일주일 동안 오로지 하나님만 예배하는 일을 하였
습니다. 그 기간 동안 어느 때보다 정결했을법한 신임 제사장들에게 다
시 속죄제를 드리라고 한 것입니다.

깨끗하게 되지 않았다는 뜻입니다. 그 제사들이 그들을 깨끗하게 하
지 못했다는 말입니다. 히브리서 기자는 이것을 잘 알고 있었습니다.

"이는 황소와 염소의 피가 능히 죄를 없이 하지 못함이라"(히10:4)

언제나 회개를 하는 것, 늘 주님의 십자가의 공로로만 나아가는 것,
그것이 제사장, 목회자가 취할 예배자의 모습이었던 것입니다. '정결한
자가 드리는 예배를 하나님이 받으신다.' 우리가 잊지 말아야 할 것입
니다.

'정결이 예배의 핵심입니다. 회개함으로 주님 앞에 나아가야 합니다.
언제나 말입니다. 잊지 마십시오.'

* Meditatio 묵상
오늘 말씀을 통하여 깨닫게 된 것을 짧게 적어보십시오.

정결한 제사장이 축복할 때

* Lexio 읽기 / 레위기 9:22-24

가능하면 오늘의 본문을 먼저 읽는 것이 좋지만 바로 아래 글을 읽어도 좋습니다. 충분히 본문을 이해하도록 배려하며 글을 썼습니다. 혹시 본문을 읽으신 분은 감동이 오는 말씀이나 단어 혹은 느낌을 간단히 적으시면 좋습니다.

"아론이 백성을 향하여 손을 들어 축복함으로 속죄제와 번제와

화목제를 마치고 내려오니라"(레9:22)

아론과 제사장들이 자신들을 위한 제사를 드렸습니다. 그리고 이어서 백성들을 위한 제사를 드리고 내려온 후 모세와 아론은 손을 들어 백성들을 축복하였습니다. 그때 놀라운 일이 벌어졌습니다. 여호와의 영광이 나타나서 여호와의 불로 제단 위의 번제물을 다 사른 것입니다.

"모세와 아론이 회막에 들어갔다가 나와서 백성에게 축복하매 여호와의 영광이 온 백성에게 나타나며 불이 여호와 앞에서 나와 제단 위의 번제물과 기름을 사른지라"(레9:23-24)

모세와 아론이 백성을 축복한 후에 벌어진 이 기막히게 놀라운 사건 앞에 모든 목회자를 비롯한 우리가 잊지 말아야 할 것이 있습니다. 그것은 축복하는 것입니다. 구약, 제사장들에게 주어졌던 축복의 역사가 오늘 우리에게 계속 이어진다면 더욱 그리해야 할 것입니다.

아름다운 순간이었습니다. 그리고 모세와 아론이 축복하자 내려온 여호와의 불을 보며 백성들이 환호하며 그 거룩함 앞에 땅에 엎드린 것은 당연한 것이었습니다.

"온 백성이 이를 보고 소리 지르며 엎드렸더라"(레9:24)

이 기록에서 볼 수 있듯이 제일 먼저 중요한 것은 제사장의 정결입니다. 깨끗하고 정결한 자들이 드리는 예배, 그들이 구하는 축복이 매우 아름답기 때문입니다. 사실 이 세상은 정결하고 아름다운 자들의 축복을 기대하고 있습니다. 하나님의 거룩한 사람들의 출현 말입니다. 그렇지 않습니까?

'정결하게 하는 것은 모든 예배자가 추구해야 할 중심 가치입니다. 잊지 마십시오.'

* Meditatio 묵상
오늘 말씀을 통하여 깨닫게 된 것을 짧게 적어보십시오.

43

하나님이 거룩을 드러내신다면

* Lexio 읽기 / 레위기 10:1-7
가능하면 오늘의 본문을 먼저 읽는 것이 좋지만 바로 아래 글을 읽어도 좋습니다. 충분히 본문을 이해하도록 배려하며 글을 썼습니다. 혹시 본문을 읽으신 분은 감동이 오는 말씀이나 단어 혹은 느낌을 간단히 적으시면 좋습니다.

"아론의 아들 나답과 아비후가 각기 향로를 가져다가 여호와께
서 명령하시지 아니하신 다른 불을 담아 여호와 앞에 분향하였더
니 불이 여호와 앞에서 나와 그들을 삼키매 그들이 여호와 앞에
서 죽은지라"(레10:1-2)

제사장직을 공식적으로 수행하는 이야기의 첫 기록은 이같이 끔찍한 일에 대한 기록입니다.

아론의 아들들, 나답과 아비후는 제사를 드리면서 번제단의 불이 아닌 다른 불을 임의대로 사용하였습니다. 얼핏 보면 "불"이 무슨 문제일까 생각할 수 있지만 그 결과는 매우 엄격한 심판이었습니다.

다 같은 불이 아니었던 것입니다!

이것이 구별, 곧 거룩해지는 지점입니다. 언제나 그것 자체가 거룩한 것이 아니라 그것을 구별할 때 거룩해지는 것입니다. 동시에 거룩하다

는 것은 기억하고 주의하는 것을 말합니다. 그런데 나답과 아비후는 그런 개념이 전혀 없었던 것입니다.

그래도 '하나님이 너무 심하시지 않으신가?' 하고 물을 수 있습니다. 그럴 수 있지만 자세히 본문을 읽어보면 그들의 죽음은 하나님의 의도적 징계가 매우 자연스러운 현상이었음을 알 수 있습니다.

> "나는 나를 가까이 하는 자 중에서 내 거룩함을 나타내겠고 온 백성 앞에서 내 영광을 나타내리라 하셨느니라 아론이 잠잠하니"(레10:3)

아무에게나 드러나지 않으시는 하나님이 "가까이 하는 자"에게 드러내신다고 하셨는데 그들은 정결하지 않았습니다. 자신을 거룩하고 정결하게 하지 않은 그들이 그 영광에 노출되어 죽은 것입니다.

그렇다면 지금 우리를 향한 하나님의 긍휼은 얼마나 대단한 것인지, 예수의 십자가 사건은 얼마나 놀라운 것인지 다시 생각하게 됩니다. 여전히 죄 된 우리가 하나님 앞에 서 있으니 말입니다.

'정결하지 않은 우리가 하나님 앞에 서서 예배할 수 있다는 것이 얼마나 놀라운 일입니까?'

* Meditatio 묵상
오늘 말씀을 통하여 깨닫게 된 것을 짧게 적어보십시오.

- -

- -

염치 있는 일

* Lexio 읽기 / 레위기 10:8-20
가능하면 오늘의 본문을 먼저 읽는 것이 좋지만 바로 아래 글을 읽어도 좋습니다. 충분히 본문을 이해하도록 배려하며 글을 썼습니다. 혹시 본문을 읽으신 분은 감동이 오는 말씀이나 단어 혹은 느낌을 간단히 적으시면 좋습니다.

"모세가 아론과 그의 아들 엘르아살과 이다말에게 이르되 너희
는 머리를 풀거나 옷을 찢지 말라... 여호와의 관유가 너희에게
있은즉 너희는 회막 문에 나가지 말라 그리하면 죽음을 면하리
라"(레10:6-7)

나답과 아비후가 죽었지만 아버지 아론과 동생들은 애도할 수도 없었고, 그 장례에 참여할 수도 없었습니다. 그것이 제사장이었습니다. 자신의 일에 얽매이지 않는 것, 그것이 중요했습니다. 하나님의 거룩함에 참여하는 것이 그만큼 고결했기 때문입니다.

아론과 나머지 두 아들, 엘르아살과 이다말은 계속해서 제사를 집전하는 일을 멈출 수 없었습니다. 그런데 사단이 났습니다. 앞에서 살핀 것처럼 소제를 드린 후 구별된 음식과 화목제물 중 "흔든 가슴과 든 뒷다리" 곧 요제와 거제로 드려진 것은 제사장의 소득이었습니다.

"흔든 가슴과 들어올린 뒷다리는 너와 네 자녀가 너와 함께 정결

한 곳에서 먹을지니 이는 이스라엘 자손의 화목제물 중에서 네
소득과 네 아들들의 소득으로 주신 것임이니라"(레10:14)

그런데 아론이 그 제물들을 먹지 않고 모두 불태워버린 것입니다. 그
같은 것을 보고 모세는 아론의 행동을 잘못된 것으로 판단하고 분노하
였습니다.

분명 아론의 행동은 모세의 진노에 이어 하나님의 심판이 있을법한
것이었습니다. 싫든 좋든 하나님의 법은 지켜져야 했기 때문입니다. 그
런데 이상하게도 하나님은 다음 행동을 하지 않으셨습니다. 이유가 있
었습니다. 아론의 말을 들어보면 알 수 있습니다.

"오늘 그들이 그 속죄제와 번제를 여호와께 드렸어도 이런 일이
내게 임하였거늘 오늘 내가 속죄제물을 먹었더라면 여호와께서
어찌 좋게 여기셨으리요"(레10:19)

아론은 염치있는 제사장이자 아버지였습니다. 그 마음을 하나님 역
시 알고 계셨습니다. 제사장의 아픔입니다.

'거룩을 추구해야 합니다. 그것이 염치 있는 일입니다.'

* Meditatio 묵상
오늘 말씀을 통하여 깨닫게 된 것을 짧게 적어보십시오.

- -

- -

제 3 부

사람의 거룩

내가 거룩하니 너희도 거룩하라

* Lexio 읽기 / 레위기 11:1-47

가능하면 오늘의 본문을 먼저 읽는 것이 좋지만 바로 아래 글을 읽어도 좋습니다. 충분히 본문을 이해하도록 배려하며 글을 썼습니다. 혹시 본문을 읽으신 분은 감동이 오는 말씀이나 단어 혹은 느낌을 간단히 적으시면 좋습니다.

> "모든 짐승 중 굽이 갈라져 쪽발이 되고 새김질하는 것은 너희가
> 먹되 새김질하는 것이나 굽이 갈라진 짐승 중에도 너희가 먹지
> 못할 것은 이러하니"(레11:3-4)

대표적으로 소나 양 같이 쪽발이면서 새김질하는 것은 먹을 수 있었지만 우리가 대표적으로 먹는 돼지 같이 쪽발이지만 새김질하지 않는 짐승들은 부정하다고 하셨습니다. 이 같이 부정한 짐승들은 먹거나 주검을 만지기만 해도 부정하다고 취급받았습니다.

물고기의 경우는 지느러미가 있고 비늘이 있어야 먹을 수 있었고 새들의 경우는 아예 정확하게 먹을 수 없는 새들을 적어 놓았습니다. 곤충일 경우 메뚜기 같은 종류는 먹을 수 있지만 날개가 있고 네 발로 기어 다니는 종류는 부정하다고 규정하셨습니다. 그리고 땅을 기는 짐승들 소위 설치류와 파충류 중에 부정한 것들은 두더지, 쥐, 악어 등으로 정확하게 기술하였습니다. 이외에도 지렁이같이 모든 기는 것 중에 배로 밀어 다니는 것 들도 부정한 것이었습니다.

땅 위에 있는 모든 종류의 살아있는 생물체에 대해 먹을 수 있는 것과 없는 것을 구분하고 부정한 것과 그렇지 않은 것을 규정한 것은 지나친 민감함이 아닌가하고 생각할 수 있습니다. 사실 지금 우리는 이 모든 것들을 마구 먹어치우고 있기 때문입니다. 하지만 하나님의 생각은 분명했습니다. 우리가 거룩한 존재라는 말로 그 이유를 설명하셨습니다.

> "나는 여호와 너희의 하나님이라 내가 거룩하니 너희도 몸을 구별하여 거룩하게 하고… 나는 너희의 하나님이 되려고 너희를 애굽 땅에서 인도하여 낸 여호와라 내가 거룩하니 너희도 거룩할지어다"(레11:44-45)

우리가 거룩하기 때문이었습니다. 아무 것이나 먹으며 아무렇게나 살 수 없는 존재라는 것을 하나님이 강조하신 것입니다. 먹는 것을 주의하는 것만 가지고도 우리가 어떤 존재임을 드러내는 것이라면, 특히 정력이니 하는 이유로 마구 먹어치우는 우리의 행위를 주의하는 것이 마땅하지 않겠습니까?

'우리가 거룩한 존재라는 것을 잊고 마구 먹거나, 미식이란 이유로 잔인한 식사를 추구한 적은 없습니까?'

* Meditatio 묵상
오늘 말씀을 통하여 깨닫게 된 것을 짧게 적어보십시오.

아이들도 부정한가?

* Lexio 읽기 / 레위기 12:1-8
가능하면 오늘의 본문을 먼저 읽는 것이 좋지만 바로 아래 글을 읽어도 좋습니다. 충분히 본문을 이해하도록 배려하며 글을 썼습니다. 혹시 본문을 읽으신 분은 감동이 오는 말씀이나 단어 혹은 느낌을 간단히 적으시면 좋습니다.

"이스라엘 자손에게 말하여 이르라 여인이 임신하여 남자를 낳
으면 그는 이레 동안 부정하리니 곧 월경할 때와 같이 부정할 것
이며"(레12:2)

산모가 아이를 낳는 것은 분명 숭고한 일인데 성경은 남자아이일 경우는 이레 동안, 여자아이일 경우는 두 이레 동안 부정하다고 규정하였습니다.

가장 정결할 것 같은 출산이 부정하다고 하는 것은 약간 이상해보입니다. 그러나 성경은 매우 분명하게 그 이유를 "피로 더러워진 몸"(공동번역/레12:4)이기 때문이라고 말합니다. 기록한 것처럼 "월경할 때"(레12:2)와 같은 것으로 취급한 것입니다.

여기서 조금 더 깊이 생각한다면 '부정하다'는 의미가 우리의 죄된 존재를 설명하는 것일 수도 있습니다. 아담과 하와의 타락 이후 우리가 본래적으로 죄인이라는 것을 잊지 말 것을 요청한 것일 수도 있습니다.

남자아이일 경우 33일, 여자아이일 경우 66일이 지난 후 정결하게 되는 기한이 차면 산모는 하나님께 일 년 된 어린 양을 가지고 번제를 드려야 했고, 속죄제를 위하여 집비둘기 새끼나 산비둘기를 드려야 했습니다.

"아들이나 딸이나 정결하게 되는 기한이 차면 그 여인은 번제를
위하여 일 년 된 어린 양을 가져가고 속죄제를 위하여 집비둘기
새끼나 산비둘기를 회막 문 제사장에게로 가져갈 것이요"(레12:6)

마리아 역시 예수를 낳았을 때 똑같이 정결례 기간을 거친 후 예루살렘에 올라갑니다. 마리아는 "산비둘기 한 쌍이나 혹은 어린 집비둘기 둘로"(눅2:24) 번제와 속죄제를 드렸습니다. 주님 역시 죄가 없으신 분이시지만 죄가 있는 자처럼 번제와 속죄제를 드리신 것입니다.

'우리는 원래 죄인입니다. 그것을 잊어서는 안 됩니다. 예수 그리스도의 십자가가 감사한 절대적 이유입니다.'

* Meditatio 묵상
오늘 말씀을 통하여 깨닫게 된 것을 짧게 적어보십시오.

나병에 대한 태도

* Lexio 읽기 / 레위기 13:1–59
가능하면 오늘의 본문을 먼저 읽는 것이 좋지만 바로 아래 글을 읽어도 좋습니다. 충분히 본문을 이해하도록 배려하며 글을 썼습니다. 혹시 본문을 읽으신 분은 감동이 오는 말씀이나 단어 혹은 느낌을 간단히 적으시면 좋습니다.

> "만일 사람이 그의 피부에 무엇이 돋거나 뾰루지가 나거나 색점
> 이 생겨서 그의 피부에 나병 같은 것이 생기거든 그를 곧 제사
> 장 아론에게나 그의 아들 중 한 제사장에게로 데리고 갈 것이요"
>
> (레13:2)

13장과 14장 전체는 '나병의 기준과 발병 및 처분을 어떻게 할 것인가'에 대하여 자세히 기술하고 있습니다. 여기서 "나병"으로 번역된 단어 '짜라아트'는 나병으로 번역되지만 동시에 여러 종류의 악성피부병에도 이 같은 명칭을 씁니다.

일단 몇 가지 기준의 나병 현상이 보이면 제사장에게 보인 후 일주일 동안의 유예기간을 두었습니다. 그런데 일주일 후에 그 병이 피부에 퍼졌으면 제사장은 그 환자의 병을 나병이라 공지하고 부정하다 선언하였습니다.

레위기 13장에는 여러 종류의 유사한 증상들이 발생할 때 나병이라

고 판정하는 기준들을 자세히 적어놓았는데, 만일 나병 환자임이 확실해지면 제사장은 그를 부정하다고 말하고 격리시켰습니다.

> "나병 환자는 옷을 찢고 머리를 풀며 윗입술을 가리고 외치기를
> 부정하다 부정하다 할 것이요 병 있는 날 동안은 늘 부정할 것
> 이라 그가 부정한즉 혼자 살되 진영 밖에서 살지니라"(레13:45-46)

그런데 이와 같이 옷을 찢고 머리를 풀며 윗입술을 가리는 행위는 사람이 죽었을 때 하는 행위와 같았습니다. 그래서 그 사람은 공동체에서 격리되었습니다. 죽은 사람처럼 취급받은 것입니다.

나병이 이처럼 부정한 것으로 취급받게 된 것은 모세의 누이 미리암이 하나님의 형벌로 나병에 걸린 사건 때문이었습니다. 그래서 나병은 하나님이 벌하시는 죄의 형벌로 이해하는 경향이 생긴 것입니다.

'하지만 주님은 나병을 단순 질병으로 여기셨습니다. 열 명의 나병 환자를 말씀만으로 고치신 것으로도 알 수 있습니다. 예수님의 오심은 나병을 포함한 모든 저주에서 우리가 놓임 받았음을 의미합니다. 은혜입니다.'

* Meditatio 묵상
오늘 말씀을 통하여 깨닫게 된 것을 짧게 적어보십시오.

힐링 세레모니

* Lexio 읽기 / 레위기 14:1-57
가능하면 오늘의 본문을 먼저 읽는 것이 좋지만 바로 아래 글을 읽어도 좋습니다. 충분히 본
문을 이해하도록 배려하며 글을 썼습니다. 혹시 본문을 읽으신 분은 감동이 오는 말씀이나
단어 혹은 느낌을 간단히 적으시면 좋습니다.

> "제사장은 진영에서 나가 진찰할지니 그 환자에게 있던 나병 환
> 부가 나았으면 제사장은 그 정결함을 받을 자를 위하여 명령하여
> 살아 있는 정결한 새 두 마리와 백향목과 홍색 실과 우슬초를 가
> 져오게 하고"(레14:3-4)

제사장은 나병이 나았는지를 확인한 후 두 마리 새 중에 한 마리를
흐르는 물 위 질그릇에서 잡았고 잡을 때 떨어진 피에 섞인 물을 백향
목과 홍색 실과 우슬초로 적셔서 정결함을 받을 자에게 일곱 번 뿌리며
정하다고 선언하였습니다. 그리고 살아있는 나머지 한 새는 들로 날려
보냈습니다. 이제 자유하게 살아도 된다는 표시였습니다.

그것으로 끝난 것은 아니었습니다. 정결하게 된 사람은 모든 털을 밀
고 목욕한 후 일주일 동안 장막 밖에 머물러 있었습니다. 그렇게 일주
일이 지난 후 다시 모든 머리털과 몸의 털을 밀고 입었던 옷을 빨고 목
욕해야 했습니다.

여덟째 날 그는 제사장 앞에 나와 "어린 숫양 한 마리를 가져다가 기

름 한 록"(레14:12)으로 먼저 속건제를 드립니다. 그런데 재미있는 것은 속죄제가 아니라 속건제를 드렸다는 점입니다. 앞에서 살폈듯이 속건제는 하나님에게 속한 '성물에 대한 범죄'에 대한 제사입니다. 그래서 '손해배상제'라고 이름 한다는 것을 살폈었습니다.

어쩌면 나병 환자에게 속죄제가 아니라 속건제를 드리게 했다는 것은 나병은 죄의 문제가 아니라 우리 몸이 하나님의 거룩한 소유, 성물임을 말하는 것일지도 모릅니다.

정결케 된 나병 환자에게 이어진 속건제는 매우 상징적이었습니다. 제사장은 숫양의 피를 취해서 나병환자였던 자의 오른쪽 귓부리와 오른쪽 엄지 손가락과 오른쪽 엄지 발가락에 발랐고 기름을 취하여서 여호와 앞에 일곱 번 뿌렸습니다. 그리고 남은 기름은 그 사람의 오른쪽 귓부리와 오른쪽 엄지 손가락과 오른쪽 엄지 발가락 곧 속건제물의 피 위에 바른 후 그래도 남은 기름을 머리 위에 발랐습니다. 그제야 비로소 정결해진 사람으로 인정받았습니다. 이것은 사실 그 나병환자를 위한 의식이었습니다. 오랜 날 동안 아픔과 외로움, 두려움을 치료하고 위로하는 행위였습니다.

'회복하고 위로하는 힐링 세레모니가 참 아름답습니다. 우리가 배울 것은 어떤 것입니까?'

* Meditatio 묵상
오늘 말씀을 통하여 깨닫게 된 것을 짧게 적어보십시오.

남자와 여자가 부정해질 때

* Lexio 읽기 / 레위기 15:1-33
가능하면 오늘의 본문을 먼저 읽는 것이 좋지만 바로 아래 글을 읽어도 좋습니다. 충분히 본
문을 이해하도록 배려하며 글을 썼습니다. 혹시 본문을 읽으신 분은 감동이 오는 말씀이나
단어 혹은 느낌을 간단히 적으시면 좋습니다.

"이스라엘 자손에게 말하여 이르라 누구든지 그의 몸에 유출병이

있으면 그 유출병으로 말미암아 부정한 자라"(레15:2)

"그의 몸에 유출병이 있으면" 이라고 표현하였지만 여기서 "몸"으로
번역된 히브리어는 '바싸르'입니다. '살, 몸'이라는 뜻이 있지만 남성의
성기를 가리킵니다. 그래서 공동번역이나 새번역은 "남자/남성의 성
기"로 기록하였고, 공동번역은 이 부분을 "어떤 남자의 성기에서 고름
이 흘러 나오면"(공동번역/레15:2)이라고 번역하였습니다.

일종의 성병을 말한 것입니다. 당연히 부정한 것이었습니다. 단순한
부정이 아니라 눕는 침상, 앉았던 자리, 탔던 안장은 부정하다고 취급
되었고, 심지어 만졌던 것도 부정하기 때문에 질그릇은 깨뜨렸고 나무
그릇은 깨끗이 씻겨야 했습니다.

그러다 깨끗해지면 일주일을 기다렸다가 흐르는 물에 옷을 빨고 몸
을 씻어야 했습니다. 그리고 여덟째 날에 비둘기 두 마리로 속죄제와

번제를 드려야 했습니다.

남녀가 동침하여 설정했을 경우에는 저녁까지 부정하다고 여겼습니다. 이처럼 부부간의 성행위가 완벽하게 거룩한 것은 아니었습니다. 분명히 하나님의 허락하신 것이지만 단순히 쾌락만을 추구하는 성행위라면 위험하다는 것을 암시한 것일 수 있습니다. 하루 동안 부정하다고 규정한 것의 의미입니다.

그리고 만일 여인이 유출, 곧 월경을 하는 경우에는 일주일 동안 부정하다고 여겼습니다.

여하튼 이 두 가지 경우 모두 특별히 제사를 드릴 필요는 없었습니다. 그런데 만일 월경 기간이 아님에도 하혈이 있을 때에는 남자의 유출병과 똑같이 취급되었습니다. 하나님께 속죄제와 번제를 드려야 했습니다.

어떻게 보면 매우 민감한 문제를 매우 자세하게 설명한 것은 그 당시 성(SEX)에 대한 지식이 지금에 비해 충분하지 않았을 경우를 배려한 설명이었음을 알 수 있습니다.

'성문제에 대한 하나님의 말씀을 읽으면서 어떤 생각이 드십니까?'

* Meditatio 묵상
오늘 말씀을 통하여 깨닫게 된 것을 짧게 적어보십시오.

예배보다 더 중요한 정결

* Lexio 읽기 / 레위기 16:1~10
가능하면 오늘의 본문을 먼저 읽는 것이 좋지만 바로 아래 글을 읽어도 좋습니다. 충분히 본
문을 이해하도록 배려하며 글을 썼습니다. 혹시 본문을 읽으신 분은 감동이 오는 말씀이나
단어 혹은 느낌을 간단히 적으시면 좋습니다.

"여호와께서 모세에게 이르시되 네 형 아론에게 이르라 성소의
휘장 안 법궤 위 속죄소 앞에 아무 때나 들어오지 말라 그리하여
죽지 않도록 하라 이는 내가 구름 가운데에서 속죄소 위에 나타
남이니라"(레16:2)

성소의 휘장을 넘어 법궤 위 속죄소 앞에는 아무 때나 들어갈 수 없
었습니다. 그 곳에 하나님이 임재 하셨기 때문이었습니다. 그런 까닭
에 대제사장이라 할지라도 지성소에 들어가려면 수송아지를 속죄제물
로 삼고 숫양을 번제물로 삼고 정결한 예식을 행한 후 들어갈 수 있었
습니다.

"아론이 성소에 들어오려면 수송아지를 속죄제물로 삼고 숫양을
번제물로 삼고 거룩한 세마포 속옷을 입으며 세마포 속바지를 몸
에 입고 세마포 띠를 띠며 세마포 관을 쓸지니 이것들은 거룩한
옷이라 물로 그의 몸을 씻고 입을 것이며"(레16:3~4)

그가 대제사장이어서 제사를 집례 하는 자라 할지라도 그 역시 하나

님 앞에 서면 죽을 수밖에 없는 죄인임을 의미한 것입니다. 그래서 제사를 드리기 전 먼저 자신을 깨끗하게 하는 속죄제를 드린 것입니다.

제사 곧 예배가 중요하지만 그것보다 더 중요한 것은 내가 정결해지는 것입니다. 사실 우리는 오해합니다. 예배만 드리면, 많은 헌금을 바치면, 하나님이 기뻐하실 것이라는 생각 말입니다. 하지만 오해입니다. 하나님은 제물의 크기에 관심이 없으십니다. 제물이 아니라 그 예배를 드리러 나오는 자가 정결한가에 관심이 있으십니다.

그러므로 대제사장은 대속죄일 제사를 집전하기 위하여 먼저 자신을 정결하게 해야 했습니다. 그런데 재미있는 것은 온 백성을 위한 속죄제물은 염소인 반면에(레16:5) 그 대속죄제를 드리기 위하여 대제사장이 자신을 위해 드리는 속죄제물은 수송아지라는 점입니다.

"이스라엘 자손의 회중에게서 속죄제물로 삼기 위하여 숫염소 두 마리와 번제물로 삼기 위하여 숫양 한 마리를 가져갈지니라"(레16:5)

제사를 집전하는 대제사장이 아주 조금이라도 더 의롭다고 말하지 못하려하게 함이었습니다. 제물이 중요한 것이 아니라 오로지 하나님의 은혜로 대속되는 것을 말하기 위함이었습니다.

'우리가 정결한 것이 가장 중요합니다. 잊지 마십시오.'

* Meditatio 묵상
오늘 말씀을 통하여 깨닫게 된 것을 짧게 적어보십시오.

대속죄를 위한 염소 두 마리

* Lexio 읽기 / 레위기 16:11-28
가능하면 오늘의 본문을 먼저 읽는 것이 좋지만 바로 아래 글을 읽어도 좋습니다. 충분히 본문을 이해하도록 배려하며 글을 썼습니다. 혹시 본문을 읽으신 분은 감동이 오는 말씀이나 단어 혹은 느낌을 간단히 적으시면 좋습니다.

"일곱째 달 열흘날은 속죄일이니 너희는 성회를 열고 스스로 괴롭게 하며 여호와께 화제를 드리고 이 날에는 어떤 일도 하지 말 것은 너희를 위하여 너희 하나님 여호와 앞에 속죄할 속죄일이 됨이니라"(레23:27-28)

대제사장이 지성소에 들어가 백성들의 죄를 용서받기 위해 속죄제를 드렸던 대속죄일은 매년 일곱째 달 10일에 지켰습니다. 특히 대속죄일에 드리는 제사에서 먼저 대제사장은 백성들을 위한 속죄제를 드리기 전에 수송아지로 자신을 위한 속죄제를 드려 자신을 정결하게 한 후에 백성들을 위한 속죄제를 드렸습니다.

백성들을 위한 속죄제, 그때 등장하는 짐승이 아사셀 염소입니다.

"두 염소를 위하여 제비 뽑되 한 제비는 여호와를 위하고 한 제비는 아사셀을 위하여 할지며"(레16:8)

여호와께 드리는 제물은 염소 한 마리면 충분했는데, 이상한 것은 또 다른 한 마리 염소를 "아사셀을 위하여" 준비한 것입니다. 여하튼 이를 위해 제비 뽑기로 결정된 여호와를 위한 염소와 아사셀을 위한 염소는 백성들을 위하여 속죄제로 드려졌습니다. 이때 여호와를 위해 뽑힌 염소가 속죄제물로 드려졌고, 아사셀을 위한 염소는 여호와 앞에 두었습니다.

그리고 속죄제가 끝난 후 살아있던 아사셀을 위한 염소는 광야로 보내졌습니다. 그때 아론은 이스라엘 모든 자손의 죄와 불의를 아뢰고 그 죄를 염소의 머리에 전가합니다.

> "아론은 그의 두 손으로 살아 있는 염소의 머리에 안수하여 이스라엘 자손의 모든 불의와 그 범한 모든 죄를 아뢰고 그 죄를 염소의 머리에 두어 미리 정한 사람에게 맡겨 광야로 보낼지니 염소가 그들의 모든 불의를 지고 접근하기 어려운 땅에 이르거든 그는 그 염소를 광야에 놓을지니라"(레16:21-22)

'아사셀 염소, 우리의 죄를 짊어지고 광야로 가다.' 광야로 가신 예수님 사역이 이해되는 장면입니다.

'우리의 죄를 대신하여 죽은 아사셀 염소 이야기가 나에게 어떤 의미로 다가오십니까?'

* Meditatio 묵상
오늘 말씀을 통하여 깨닫게 된 것을 짧게 적어보십시오.

아사셀 염소

* Lexio 읽기 / 레위기 16:21~22
가능하면 오늘의 본문을 먼저 읽는 것이 좋지만 바로 아래 글을 읽어도 좋습니다. 충분히 본
문을 이해하도록 배려하며 글을 썼습니다. 혹시 본문을 읽으신 분은 감동이 오는 말씀이나
단어 혹은 느낌을 간단히 적으시면 좋습니다.

"염소가 그들의 모든 불의를 지고 접근하기 어려운 땅에 이르거
든 그는 그 염소를 광야에 놓을지니라"(레16:22)

아사셀 염소, 이는 여러 가지 해석이 있는 명칭입니다. 우선 단어의
뜻만으로 보면 "아사셀"은 '사라지다'는 뜻의 '아잘'과 '염소'라는 뜻의 '
에즈'의 합성어입니다. 그러니까 단어를 직역하면 '사라지는 염소'가 될
것입니다. 그런데 라틴어 번역인 불가타 본은 이 단어를 '카페르 에미
사리우스', 즉 '속죄 염소'라고 번역하였습니다.

하지만 여기서 주의할 것은 "아사셀"이 쓰여지는 용도입니다. 본문
에서도 아사셀은 여호와와 대칭하는 단어로 쓰여 졌습니다.

"두 염소를 위하여 제비 뽑되 한 제비는 여호와를 위하고 한 제비
는 아사셀을 위하여 할지며"(레16:8)

그러니까 아사셀은 단순히 '속죄 염소' 정도로 설명할 수 없다는 말
입니다. 그런 점에서 아사셀을 유대인들이 사탄을 일컬을 때 사용하던

단어라는 점에 주목되어집니다. 특히 구약의 외경인 에녹서 6장부터는 천사들의 탐욕과 타락 이야기가 나오는데 약 200명 정도의 타락 천사들이 등장합니다. 그 중 아사셀은 에녹서 8장부터 등장하는데 아사셀은 사람들의 타락을 조장하는 일을 하였습니다. 결국 하나님이 악을 심판하실 때 아사셀 역시 심판 받는데 이렇게 기록되어 있습니다.

> "아사셀의 손발을 결박하여 암흑 속에 던져 버려라. 다도엘에 있는 황야에 구멍을 파고 거기에 그 놈을 던져 버려라."(에녹서 10장)

이처럼 에녹서의 기록에 아사셀은 광야에 살고 있다고 묘사됩니다. 그러므로 광야로 보내진 아사셀을 위한 염소의 의미는 참소자 사탄의 두목인 아사셀에게 아사셀 염소를 보냄으로 이미 속죄가 끝났다는 것을 공지하기 위함이었습니다. 더 이상 사탄의 참소가 의미 없다는 것을 말하기 위함이었습니다.

그런 점에서 아사셀 염소를 예수 그리스도의 그림자로 해석합니다. 그 염소를 보는 순간 이스라엘의 죄를 참소하지 못하는 것처럼 우리를 위해 죽으신 예수 그리스도 때문에 우리도 참소당하지 않기 때문입니다.

'아사셀 염소처럼 우리를 대신하여 죽으신 예수 그리스도 때문에 우리는 깨끗해진 것입니다. 잊지 마십시오.'

* Meditatio 묵상
오늘 말씀을 통하여 깨닫게 된 것을 짧게 적어보십시오.

....

....

스스로 괴롭게 하는 태도

* Lexio 읽기 / 레위기 16:29-34
가능하면 오늘의 본문을 먼저 읽는 것이 좋지만 바로 아래 글을 읽어도 좋습니다. 충분히 본문을 이해하도록 배려하며 글을 썼습니다. 혹시 본문을 읽으신 분은 감동이 오는 말씀이나 단어 혹은 느낌을 간단히 적으시면 좋습니다.

"아론은 회막에 들어가서 지성소에 들어갈 때에 입었던 세마포
옷을 벗어 거기 두고 거룩한 곳에서 물로 그의 몸을 씻고 자기 옷
을 입고 나와서 자기의 번제와 백성의 번제를 드려 자기와 백성
을 위하여 속죄하고"(레16:23-24)

대제사장이 아사셀 염소를 광야로 보내는 것으로 속죄제를 마친 후
에 대제사장은 세마포 옷을 벗고 거룩한 곳에서 몸을 씻고 나와 자신과
백성을 위해 번제물을 드림으로 정결케 하였습니다.

이렇게 대속죄일이 진행되는 동안 이스라엘 백성은 가만히 있지 않
았습니다. 그 기간 동안에 그들이 해야 할 규례가 있었습니다.

"일곱째 달 곧 그 달 십일에 너희는 스스로 괴롭게 하고 아무 일
도 하지 말되 본토인이든지 너희 중에 거류하는 거류민이든지 그
리하라"(레16:29)

이 규례 중에서 눈에 들어오는 내용은 '스스로 괴롭게 한다'는 말입니다. 당연히 아무 일도 하지 않는 것은 이해되는데 '괴롭게 한다'는 문장 때문입니다. 그래서 이를 적극적으로 해석하는 경향이 있는데, 예를 들어 공동번역에서는 "단식"이라는 말로 번역하였습니다.

하지만 히브리어 본문에 나오는 단어 '아나'는 단식이라는 의미보다 '괴롭히다, 낮추다, 겸손하다, 모독하다' 등으로 번역되는 단어입니다. 그러므로 단순히 단식 정도가 아니라 '스스로 괴롭게 하는 것', 새번역의 표현으로 하면 "스스로 고행"(새번역/레16:29)하는 것을 의미했다고 해야 옳습니다.

그러니까 속죄제가 드려지는 동안 "스스로 고행"하는 것은 중요한 고백이었습니다. 이미 예수 그리스도가 고난 받음으로 우리가 나음을 입었기에 우리에게는 의미가 없는 일일 수도 있지만 우리의 지나친 나태와 안락한 태도들은 돌아볼 필요가 있습니다. 특히 고난주간, 그 중에서도 성금요일 하루라도 "스스로 고행"하는 것을 따라하는 것은 필요하다고 생각합니다. 어떤 형태가 자신에게 고행인지는 사람마다 다를 수 있지만 말입니다.

'가끔 우리는 고통이 필요합니다. 그런 의미에서 금식 등의 신앙고백은 의미가 있습니다. 그렇지 않습니까?'

* Meditatio 묵상
오늘 말씀을 통하여 깨닫게 된 것을 짧게 적어보십시오.

예배는 엄격해야 한다

* Lexio 읽기 / 레위기 17:1-16
가능하면 오늘의 본문을 먼저 읽는 것이 좋지만 바로 아래 글을 읽어도 좋습니다. 충분히 본
문을 이해하도록 배려하며 글을 썼습니다. 혹시 본문을 읽으신 분은 감동이 오는 말씀이나
단어 혹은 느낌을 간단히 적으시면 좋습니다.

"이스라엘 집의 모든 사람이 소나 어린 양이나 염소를 진영 안에
서 잡든지 진영 밖에서 잡든지 먼저 회막 문으로 끌고 가서 여호
와의 성막 앞에서 여호와께 예물로 드리지 아니하는 자는 피 흘
린 자로 여길 것이라 그가 피를 흘렸은즉 자기 백성 중에서 끊어
지리라"(레17:3-4)

모든 희생제물은 여호와의 성막 앞에서 하나님께 예물로 드려야 했
는데, 여호와의 성막 앞에서 하나님께 예물로 드린다는 것은 하나님이
가르쳐주신 제사법을 따라 드린다는 것을 의미했습니다. 만일 그렇지
않을 경우 죽음에 이른다고 강력하게 경고하셨습니다.

왜 이 같은 경고를 하셨는지 의아해할 수도 있지만, 예배의 중요성
때문입니다. 여호와의 성막 앞이 아닌 다른 곳에서의 예배는 다른 신을
섬길 가능성을 말하는 것이었기 때문입니다.

우리의 예배도 마찬가지입니다. 어떤 의미에서 하나님께 드리는 예

배는 엄격해야 옳습니다. 자유로운 것도 좋지만 하나님을 예배하는 자의 자세와 마음은 언제나 하나님을 경외함으로 드리는 것이 옳기 때문입니다.

더불어 하나님은 "무슨 피든지 먹는"(레17:10)것을 강력하게 금하였습니다. 이유는 육체의 생명이 피에 있기 때문이었습니다.

> "육체의 생명은 피에 있음이라 내가 이 피를 너희에게 주어 제단
> 에 뿌려 너희의 생명을 위하여 속죄하게 하였나니 생명이 피에
> 있으므로 피가 죄를 속하느니라"(레17:11)

더욱이 그 짐승의 피는 이미 우리를 위해 대신 죽은 속죄의 피이기 때문입니다. 결국 하나님은 그 짐승들을 존중하신 것입니다. 동시에 이스라엘 백성들에게도 그 짐승들에 대해 겸허한 마음을 가질 것을 요청하신 것입니다. 죄 없는 짐승이 나를 대신하여 죽었기 때문입니다.

이처럼 그 짐승들의 피를 먹지 못하게 하신 것은 끝까지 하나님께 드려진 짐승들을 거룩하게 여기신 것입니다. 귀하게 여기신 것입니다.

'나의 예배를 대하는 자세는 어떻습니까?'

* Meditatio 묵상
오늘 말씀을 통하여 깨닫게 된 것을 짧게 적어보십시오.

- -

- -

제 4 부

거룩의 얼굴

하나님은 우리의 하나님이시다

* Lexio 읽기 / 레위기 18:1-5

가능하면 오늘의 본문을 먼저 읽는 것이 좋지만 바로 아래 글을 읽어도 좋습니다. 충분히 본문을 이해하도록 배려하며 글을 썼습니다. 혹시 본문을 읽으신 분은 감동이 오는 말씀이나 단어 혹은 느낌을 간단히 적으시면 좋습니다.

> "너희는 너희가 거주하던 애굽 땅의 풍속을 따르지 말며 내가 너
> 희를 인도할 가나안 땅의 풍속과 규례도 행하지 말고 너희는 내
> 법도를 따르며 내 규례를 지켜 그대로 행하라 나는 너희의 하나
> 님 여호와이니라"(레18:3-4)

우리가 어디에 머물러 사는지는 중요합니다. 그것은 우리의 삶에 영향을 주고 지배할 수 있기 때문입니다. 그런 까닭에 400년 넘게 애굽에서 살았던 경험이 있는 이스라엘 백성들은 애굽의 삶의 방식으로 돌아갈 위험성이 있었습니다. 그것을 주의해야 했습니다.

우리 역시 주의해야 할 부분입니다. 우리가 살아왔던 날 동안 훈련되고 영향 받은 삶의 양식과 우리 조상의 DNA의 영향을 받을 수 있기 때문입니다.

두 번째 주의할 것은 이스라엘 백성이 앞으로 살 곳이었던 가나안 땅의 삶의 방식을 좇을 가능성이었습니다. 특히 40년 광야 생활을 마친

후 농경 생활을 해야 하는 이스라엘에게 가나안의 풍속과 규례는 배우고 싶었던 것일 수 있습니다. 하지만 그것을 주의해야 했습니다.

하나님이 이스라엘 백성에게 요청한 것은 다른 삶의 방식이었습니다. 곧 하나님의 법도, 하나님의 방식을 따르는 것이었습니다. 이유는 분명했습니다. 하나님이 바로 우리의 하나님이시기 때문입니다. 하나님이 말씀하시기 때문입니다. 빌립보서 바울의 언어로 말하면 우리는 이 세상에 살지만 하나님 나라에 속한 하나님 나라의 시민권자이기 때문입니다.

> "우리의 시민권은 하늘에 있는지라 거기로부터 구원하는 자 곧
>
> 주 예수 그리스도를 기다리노니"(빌3:20)

하나님 나라의 시민권자로 하나님 나라의 법도를 따라 사는 것, 그것은 당연한 것이었습니다. 그 나라와 그리스도의 도래를 기다리며 사는 것, 비록 이 세상에 살지라도 이 세상을 좇아, 이 세상에 종속되어 살 수 없는 것이기 때문입니다.

'우리는 하나님을 믿고 있는 하나님 나라의 시민권자입니다. 잊지 마셔야 합니다.'

* Meditatio 묵상
오늘 말씀을 통하여 깨닫게 된 것을 짧게 적어보십시오.

말도 안 되는 죄에 대한 규범

* Lexio 읽기 / 레위기 18:6-19

가능하면 오늘의 본문을 먼저 읽는 것이 좋지만 바로 아래 글을 읽어도 좋습니다. 충분히 본문을 이해하도록 배려하며 글을 썼습니다. 혹시 본문을 읽으신 분은 감동이 오는 말씀이나 단어 혹은 느낌을 간단히 적으시면 좋습니다.

우리는 1장부터 17장까지 우리가 하나님께 나아갈 수 있는 길을 제시한 제사법에 대한 것을 살폈습니다. 소위 예배, 그리고 정결례에 관한 부분이었습니다. 그리고 이어질 18장부터 마지막 장인 27장까지는 하나님 앞에서 예배로 정결하게 된 자의 삶에 대한 기록입니다. 예배당 안에서의 삶이 아니라 예배당 밖에서 어떻게 살아야 하는지를 적고 있습니다. 그 시작은 하나님이 하나님 되심을 기억하는 것이었습니다.

> "너희는 내 규례와 법도를 지키라 사람이 이를 행하면 그로 말미
> 암아 살리라 나는 여호와이니라"(레18:5)

이어서 하나님은 예배당 밖에서 어떻게 살 것인지를 말씀하셨는데, 약간 당황스러운 것이 사실입니다.

> "각 사람은 자기의 살붙이를 가까이 하여 그의 하체를 범하지 말
> 라 나는 여호와이니라"(레18:6)

"살붙이", 곧 골육지친(개역한글)을 "범하지 말 것"을 요청하면서 하나님이 대상을 구체적으로 밝히신 것입니다. 너무도 부끄러운 어머니와 아들, 남매 사이, 조부와 손녀, 고모, 이모 등과의 관계, 시아버지와 며느리, 형수 혹은 제수와의 관계 등 지금의 기준에서 볼 때에도 입에 담기도 힘든 경우를 먼저 잘못된 것이라고 규정하셨습니다.

여기서 우리가 주의해야 할 것은 이 같은 금지 규정이 담고 있는 의미입니다. 그것을 하나님은 '범하는 것'이라고 규정하신 것입니다. '범하다'라는 말의 히브리어 단어의 의미는 '발가벗기다, 욕되게 하다'라는 뜻입니다. 그러니까 나의 쾌락을 위해 가족과 친족에게 그 같은 행동을 하는 것은 모욕의 극치라는 것을 말씀하고 계신 것입니다.

갑자기 이런 생각이 들었습니다. 이같이 말도 안 되는 규범을 처음부터 주신 것은 '얼마든지 범하지 않을 수 있는 죄이기 때문이 아닐까' 하는 생각입니다. 그렇다면 얼마나 기막힌 하나님의 배려입니까?

'당연히 지킬 수 있는 것을 기록한 것은 저급한 종교임을 말한다는 어떤 이들의 주장과 달리, 하나님의 배려라는 생각이 들지는 않으십니까?'

* Meditatio 묵상
오늘 말씀을 통하여 깨닫게 된 것을 짧게 적어보십시오.

더럽히지 말라

* Lexio 읽기 / 레위기 18:20-30

가능하면 오늘의 본문을 먼저 읽는 것이 좋지만 바로 아래 글을 읽어도 좋습니다. 충분히 본문을 이해하도록 배려하며 글을 썼습니다. 혹시 본문을 읽으신 분은 감동이 오는 말씀이나 단어 혹은 느낌을 간단히 적으시면 좋습니다.

"각 사람은 자기의 살붙이를 가까이 하여 그의 하체를 범하지 말

라 나는 여호와이니라"(레18:6)

"범하지 말 것"을 말씀하시는 하나님의 금지 규정 다음의 것들은 무게의 중심이 '행위 하는 자' 자신에게로 옮겨집니다. 그러니까 앞의 가족이나 친족에게 행하는 행위는 그들을 모욕하는 행위였다면 20절 이하의 행위는 자신을 더럽히는 행위였습니다.

하나님은 네 가지 매우 다른 형태의 성적 범죄에 대한 규정을 하셨습니다. 이웃의 아내와 동침하는 간음, 자녀를 몰렉에게 바치는 음란한 제사, 동성애, 그리고 짐승과의 성관계에 대한 것입니다.

이 네 가지가 경중의 차이가 있기는 하겠지만, 이 모든 것들은 행위하는 자를 더럽히거나 하나님을 현저하게 욕되게 하는 것이라고 하나님은 규정하셨습니다.

이웃의 아내와 동침하는 간음 – 자기를 더럽히는 일

자녀를 몰렉에게 바치는 제사 - 하나님의 이름을 욕되게 하는 일

동성애 - 가증한 일

짐승과의 성관계 - 문란한 일

주의할 것은 나열한 이 죄들이 지금 이스라엘 백성들이 짓고 있는 죄가 아니라 그들이 들어갈 가나안 땅의 주민들이 흐려놓은 토착화된 죄였습니다. 그러니까 하나님은 그 같은 문화적인 흐름에 대하여 경고하신 것입니다.

"너희가 전에 있던 그 땅 주민이 이 모든 가증한 일을 행하였고
그 땅도 더러워졌느니라"(레18:27)

문화에 뿌리 깊게 내려앉은 종교적 성향과 생활양식에 대한 경계의 말씀이었습니다. 알다시피 바알과 가나안 종교에 뿌리 깊게 내려앉은 성적인 종교예식들을 의식한 규범이었던 것입니다. 그런 의미에서 오늘 우리에게도 문화에 대한 이해와 태도는 중요하다 할 수 있을 것입니다.

"너희는 내 명령을 지키고 너희가 들어가기 전에 행하던 가증한
풍속을 하나라도 따름으로 스스로 더럽히지 말라 나는 너희의 하
나님 여호와이니라"(레18:30)

'이 세상 문화에 대한 나의 감염정도는 어떻습니까?'

* Meditatio 묵상
오늘 말씀을 통하여 깨닫게 된 것을 짧게 적어보십시오.

너희는 거룩하라

* Lexio 읽기 / 레위기 19:1-2
가능하면 오늘의 본문을 먼저 읽는 것이 좋지만 바로 아래 글을 읽어도 좋습니다. 충분히 본문을 이해하도록 배려하며 글을 썼습니다. 혹시 본문을 읽으신 분은 감동이 오는 말씀이나 단어 혹은 느낌을 간단히 적으시면 좋습니다.

"너는 이스라엘 자손의 온 회중에게 말하여 이르라 너희는 거룩

하라 이는 나 여호와 너희 하나님이 거룩함이니라"(레19:2)

18장, 정말 강력하게 부끄럽기가 한량없는 죄를 경계하신 후에 하나님은 이스라엘에게 "거룩하라"는 요청을 하셨습니다. "너희는 거룩하라."

우리가 거룩해야 하는 이유는 하나님이 거룩하시기 때문이라는 약간은 선문답 같은 대답도 하셨습니다.

왜 이렇게 대답하신 것입니까? 우리와 하나님은 불가분 관계를 가진 존재라는 이야기를 하시고 싶으셨던 것입니다. 우리는 하나님으로 사는 존재라고 말입니다. 그래서 거룩해야 하는 것입니다.

우리가 오해하는 지점입니다. 나와 하나님은 아무런 관계가 없을 것이라는 생각입니다. 고작해야 창조주와 피조물의 관계, 언제든지 깨부

수고 폐기할 수 있는 존재, 일방적인 슈퍼 갑으로서의 하나님을 생각합니다.

이스라엘이나 어떤 사람들은 그렇게 오해하였습니다. 하나님의 강력한 주권과 권능이 드러날 때마다 어김없이 그렇게 이해하였습니다.

그런데 아니었습니다. 우리는 하나님과 관계가 있는 존재였습니다. 창조 이야기를 하지 않아도 알 수 있는 매우 치명적인 일이 우리 앞에 벌어졌기 때문입니다. 하나님이 자신을 내어주신 것입니다.

> "하나님이 세상을 이처럼 사랑하사 독생자를 주셨으니 이는 그를 믿는 자마다 멸망하지 않고 영생을 얻게 하려 하심이라"(요3:16)

이 말씀 때문에 사람이란 존재가 하나님과 얼마나 깊은 관계를 갖고 있는지를 알게 된 것입니다. 이 말씀에 비춰볼 때 '하나님이 거룩하시기에 우리도 거룩하라'는 요청은 당연한 것 아닙니까?

'우리는 거룩해야 합니다. 하나님이 거룩하시기 때문입니다. 힘들지만 추구해야 합니다. 그렇습니다!'

* Meditatio 묵상
오늘 말씀을 통하여 깨닫게 된 것을 짧게 적어보십시오.

- -

- -

거룩을 향한 세 가지 기본적 추구

* Lexio 읽기 / 레위기 19:2-4

가능하면 오늘의 본문을 먼저 읽는 것이 좋지만 바로 아래 글을 읽어도 좋습니다. 충분히 본문을 이해하도록 배려하며 글을 썼습니다. 혹시 본문을 읽으신 분은 감동이 오는 말씀이나 단어 혹은 느낌을 간단히 적으시면 좋습니다.

> "너희는 거룩하라 이는 나 여호와 너희 하나님이 거룩함이니라"
>
> (레19:2)

'하나님이 거룩하시니 우리도 거룩해야 한다!' 진실로 그렇게 되기를 추구해야 합니다.

하나님은 '거룩해야 한다'는 이야기를 꺼낼 때 특별한 이야기로 시작하지 않았습니다. 원래 이스라엘 백성에게 시내산에서 줬던 바로 그 계명, 십계명의 말씀으로 시작하셨습니다. 십계명을 하나님은 크게 세 덩어리로 요약하셨습니다.

> "너희 각 사람은 부모를 경외하고"(레19:3)

거룩의 인간적 근원은 부모에게서 나온다는 말이기도 했습니다. 그러니까 이 시대가 천박해지는 이유는 거룩한 부모들이 사라졌기 때문일 것입니다. 경외할만한 부모가 사라져버린 현실이 문제일 수밖에 없습니다. 거룩의 회복은 부모에게서 나오는 것이 당연하기 때문입니다.

"나의 안식일을 지키라 나는 너희의 하나님 여호와이니라"(레19:3)

두 번째 거룩을 위한 이야기는 "안식일"을 지키는 것으로 강조하셨습니다. "안식일"은 단순히 하루를 쉬며 예배하는 것의 문제가 아니라 시간의 주인이 누구이시며, 하나님을 위하여 생명과 동일한 시간을 드리는 것을 말하기 때문입니다. 나의 시간, 곧 나의 생명은 하나님의 것이라는 고백이 안식일 고백의 핵심이기 때문입니다. 그래서 우리가 거룩해지는 것이기 때문입니다.

마지막으로 강조하신 거룩의 추구는 하나님만 예배하는 것에서부터 온다는 것을 말씀하셨습니다. 헛된 것(우상)을 추구하는 것은 우리 자신을 헛되게 만드는 것이기 때문이었습니다. 거룩한 하나님을 추구함으로 우리의 거룩은 온전해지기 때문이었습니다. 기막힌 요청이셨습니다.

"너희는 헛된 것들에게로 향하지 말며 너희를 위하여 신상들을
부어 만들지 말라 나는 너희의 하나님 여호와이니라"(레19:4)

'나의 거룩을 향한 세 가지 추구의 모습은 어떻습니까?'

* Meditatio 묵상
오늘 말씀을 통하여 깨닫게 된 것을 짧게 적어보십시오.

거룩의 얼굴 - 하나님의 마음에 들기를 추구하는 것

* Lexio 읽기 / 레위기 19:5-8
가능하면 오늘의 본문을 먼저 읽는 것이 좋지만 바로 아래 글을 읽어도 좋습니다. 충분히 본문을 이해하도록 배려하며 글을 썼습니다. 혹시 본문을 읽으신 분은 감동이 오는 말씀이나 단어 혹은 느낌을 간단히 적으시면 좋습니다.

"야훼에게 친교제물을 바칠 경우에 너희는 그의 마음에 들도록

바쳐야 한다."(공동번역/레19:5)

거룩에 대한 말씀을 하시면서 하나님이 언급하신 제사는 화목제였습니다. 당연합니다. 다섯 가지 제사 중에서 하나님이 주도권을 가진 제사는 화목제 곧 친교의 제사(KJV/peace offering, NIV/fellowship offering)이기 때문입니다. 하나님은 우리와 사랑하고 싶으신 것입니다.

화목제의 조건은 "그의 마음에 들도록" 하는 것 입니다. 정말 소박하고 아름다운 하나님의 소원이십니다.

사람과의 관계도 그렇습니다. 상대방은 전혀 생각하거나 배려하지 않고 내 마음대로 행동하고 내 마음대로 상대방에게 강요하는 것은 언제나 불쾌합니다.

오히려 아무 것도 받을 것이 없더라도 그 사람을 사랑하는 마음만으로도 우리는 충분히 행복할 수 있습니다. 하나님도 그러고 싶으셨던 것

입니다.

당신의 마음에 들도록
당신의 생각을 따라
당신의 사랑을 좇아
매일 살겠습니다

신앙은 하나님의 마음에 들도록 사는 것입니다. 그것을 추구하는 것입니다. 그렇다면 하나님의 마음은 무엇입니까? 하나님은 화목제 말씀을 하시면서 첫 날, 둘째 날까지만 그 제물을 먹고 셋째 날까지 남았을 경우 불사를 것을 요청하였습니다. 이 같은 요청 속에서 하나님의 의도를 부분적으로 알 수 있습니다.

"사흘째 되는 날에는 남은 것을 불에 살라 버려라. 사흘째 되는
날에 상한 제물을 먹으면 야훼가 기꺼이 여기지 않을 것이다."

(공동번역/레19:6-7)

상한 것은 먹으면 안 된다는 말 속에 있는 하나님의 마음입니다. 깨끗하고 정결하게 그리고 자신을 돌보며 사는 것을 원하고 계십니다. 그것이 하나님의 마음이었던 것입니다.

'하나님의 마음에 들도록 살아 보셨습니까?'

* Meditatio 묵상
오늘 말씀을 통하여 깨닫게 된 것을 짧게 적어보십시오.

거룩의 얼굴 – 가난한 사람을 생각하는 것

* Lexio 읽기 / 레위기 19:9-10
가능하면 오늘의 본문을 먼저 읽는 것이 좋지만 바로 아래 글을 읽어도 좋습니다. 충분히 본문을 이해하도록 배려하며 글을 썼습니다. 혹시 본문을 읽으신 분은 감동이 오는 말씀이나 단어 혹은 느낌을 간단히 적으시면 좋습니다.

"너희가 너희의 땅에서 곡식을 거둘 때에 너는 밭 모퉁이까지 다
거두지 말고 네 떨어진 이삭도 줍지 말며"(레19:9)

거룩한 자가 어떤 자인지에 대한 하나님의 설명이 계속되지만 '거룩한 삶'의 정의를 이렇게 내리셨습니다. 이 아름다운 구절을 공동번역으로 읽어보겠습니다.

"너희 땅의 수확을 거두어 들일 때, 밭에서 모조리 거두어 들이지
말라. 거두고 남은 이삭을 줍지 말라."(공동번역/레19:9)

가난한 사람들과 몸붙여 사는 외국인(공동번역/레19:10)들을 배려하라는 말씀이었습니다. 하나님은 9절 말씀을 반복하시면서 매우 구체적으로 설명하셨습니다.

"네 포도원의 열매를 다 따지 말며 네 포도원에 떨어진 열매도 줍지 말고 가난한 사람과 거류민을 위하여 버려두라 나는 너희의

하나님 여호와이니라"(레19:10)

　하나님이 요청하신 것은 의도적인 행위였습니다. 일부러 열매를 다 따지 않으며, 떨어진 열매들은 아예 줍지도 말라고 하신 것입니다.

　남편을 잃은 후 시어머니 나오미를 좇아 룻이 베들레헴에 이르렀을 때는 보리 추수가 시작되던 때(룻1:22)였습니다. 먹고 살기 위해 룻은 시어머니의 친족이었던 보아스의 밭으로 이삭을 주우러 갔었습니다.

　보아스는 하나님의 말씀대로 이삭을 다 거두지 않고 가난한 자들과 이방인들이 줍도록 행동 했습니다. 참 거룩한 자입니다. 더욱이 룻이 어떤 삶을 살았는지를 안 후에 보아스는 일부러 "곡식 다발에서 조금씩 뽑아 버려서"(룻2:16) 룻이 주워가도록 도왔습니다.

　룻의 마음이 보아스에게로 움직였습니다. 보아스의 행동은 단순한 친절이 아니라 다르게 보였을 것입니다. 세상과 다른 '거룩한 모습'이었습니다.

　'거룩하라는 주님의 말씀의 행동은 다 거두지 않고 이웃을 배려하는 것이었습니다. 이런 거룩이 나에게 있습니까?'

* Meditatio 묵상
오늘 말씀을 통하여 깨닫게 된 것을 짧게 적어보십시오.

거룩의 얼굴 – 거짓말 하지 않는 것

* Lexio 읽기 / 레위기 19:11–12
가능하면 오늘의 본문을 먼저 읽는 것이 좋지만 바로 아래 글을 읽어도 좋습니다. 충분히 본
문을 이해하도록 배려하며 글을 썼습니다. 혹시 본문을 읽으신 분은 감동이 오는 말씀이나
단어 혹은 느낌을 간단히 적으시면 좋습니다.

> "너희는 도둑질하지 말며 속이지 말며 서로 거짓말하지 말며"
>
> (레19:11)

거룩한 삶의 또 다른 모습은 이처럼 단순한 것입니다. '다른 사람의 것을 도둑질하지 말라, 속이지 말고 거짓말하지 말라!'

너무 유치한 이야기처럼 들릴 수 있습니다. 마치 초등학교 학생에게 어머니나 선생님이 하는 이야기처럼 보일 수도 있습니다.

사실 거룩의 얼굴입니다. 거룩한 것은 대단한 것이 아니라 매우 단순한 것부터 다른 태도를 취하는 것입니다. 거짓이 난무한 세상에서 거짓을 말하지 않는 것, 정직을 추구하는 것 말입니다.

사소한 거짓말, 그런데 자신의 거짓말을 합리화시키기 위하여 우리는 간혹 하나님의 이름을 들먹이기도 합니다. 하나님이 보실 때 부끄러운 일이었습니다.

"너희는 남을 속일 생각으로 내 이름을 두고 맹세하지 말라."

(공동번역/레19:12)

유치한 것입니다. 대부분의 거짓말은 자신의 물질적인 이익을 추구하기 위한 것이거나 자신의 잘못을 감추기 위한 의도적 발언이 대부분일 것입니다. 그렇게 자신을 위하여 하나님의 이름을 함부로 사용합니다. 사실 별로 의식하지 않습니다.

그러니까 지금 주님은 '정직'에 대하여 말하고 있는 것입니다. 거룩의 모습의 한 단면입니다. 사소한 것이라도 거짓으로 위장하거나 이익을 추구하지 않고 비록 가난해질지라도 정직하게 하나님과 사람들 앞에 서는 것, 그것이 거룩이라는 말입니다.

'아주 작은 것이라도 남의 것을 슬쩍 한 적이 있다면 거룩이 훼손된 것입니다. 나를 위해서 거짓말을 하였어도 거룩이 훼손된 것입니다. 더욱이 사소한 거짓말이라도 자신을 합리화시키기 위하여 가볍게 하나님의 이름을 들어 맹세하고 사용했다면 거룩을 훼손한 것입니다. 이 사소한 것들이 우리의 거룩을 훼손한 것입니다. 어떻게 생각하십니까?'

* Meditatio 묵상
오늘 말씀을 통하여 깨닫게 된 것을 짧게 적어보십시오.

- -

- -

거룩의 얼굴 – 사소하게 여기는 것

* Lexio 읽기 / 레위기 19:13-14
가능하면 오늘의 본문을 먼저 읽는 것이 좋지만 바로 아래 글을 읽어도 좋습니다. 충분히 본문을 이해하도록 배려하며 글을 썼습니다. 혹시 본문을 읽으신 분은 감동이 오는 말씀이나 단어 혹은 느낌을 간단히 적으시면 좋습니다.

- -

- -

"너는 네 이웃을 억압하지 말며 착취하지 말며 품꾼의 삯을 아침
까지 밤새도록 네게 두지 말며"(레19:13)

기업을 하거나 회사를 운영하는 사람이 가져야 할 거룩한 삶에 대한 이야기입니다. 아무리 내가 열심히 신앙생활하고 헌금을 많이 하고 있을지라도 누군가가 '착취'를 느끼게 된다면 거룩하지 못한 것입니다. 생각해보십시오.

시간을 착취하지 않았습니까?
적절한 임금을 주셨습니까?
월급을 주기 때문에 직원을 조종하려하지 않았습니까?

거룩을 말하면서 하나님이 이어 말씀하신 것은 장애인들에 대한 태도였습니다.

"귀머거리가 듣지 못한다고 하여 그에게 악담하거나"

(공동번역/레19:14)

어찌 보면 '악담이 무슨 대수일까, 듣지도 못하는데' 라고 생각할 수 있습니다. 그런데 하나님이 문제 삼으신 것입니다.

왜 그런 것입니까? 하나님이 부담스러우셨던 것입니다. 하나님이 듣고 계셨던 것입니다. 그리고 이미 그 악담을 하고 있는 순간, 그 사람은 거룩하지 않다는 것을 증명하는 것이기 때문이었습니다.

같은 관점에서 시각장애인 앞에 걸릴 것을 두는 것을 문제 삼으셨습니다. 그저 시각장애인을 두고 사소한 장난으로 비춰질 수도 있지만 말입니다.

품삯을 다음 날 아침에 주는 것, 듣지 못하는 청각장애인에게 하는 악담, 보지 못하는 시각장애인에게 하는 사소한 장난, 이 모든 것들이 갖고 있는 것은 '사소함'입니다. 그런데 하나님은 심각하게 여기고 계셨던 것입니다.

> "귀머거리가 듣지 못한다고 하여 그에게 악담하거나 소경이 보지 못한다고 하여 그 앞에 걸릴 것을 두지 말라. 하나님 두려운 줄 알아라. 나는 야훼이다"(공동번역/레19:14)

'이 같은 행동들을 혹시 사소하게 생각하고 있다면 이미 거룩은 훼손된 것입니다. 나는 어떻습니까?'

* Meditatio 묵상
오늘 말씀을 통하여 깨닫게 된 것을 짧게 적어보십시오.

거룩의 얼굴 – 무책임한 댓글질에 관한 것

* Lexio 읽기 / 레위기 19:15-16
가능하면 오늘의 본문을 먼저 읽는 것이 좋지만 바로 아래 글을 읽어도 좋습니다. 충분히 본문을 이해하도록 배려하며 글을 썼습니다. 혹시 본문을 읽으신 분은 감동이 오는 말씀이나 단어 혹은 느낌을 간단히 적으시면 좋습니다.

> "너희는 재판할 때에 불의를 행하지 말며 가난한 자의 편을 들지 말며 세력 있는 자라고 두둔하지 말고 공의로 사람을 재판할지며"(레19:15)

검사나 판사에게 성경의 말씀대로 판결해달라고 할 수는 없을지라도 불의한 재판을 해서는 안 된다고 하나님은 말씀하고 계신 것입니다.

"가난한 자의 편을 들지" 말아야 하는 것은 가난하더라도 불의한 것은 불의한 것이기 때문입니다. 그러므로 가난하고 약자이기 때문에 무조건 배려 받아야 한다는 생각은 옳지 않습니다.

사실 어렵고 가난한 자들이 도움을 받는 것은 주님이 원하시던 생각이었습니다. 실제로 십일조의 경우 그 수혜자에는 가난한 자들도 포함(신14:27-29, 26:11-13)되어 있었습니다. 하지만 그렇다고 해서 불의함이 용서받는 것은 아니었습니다. 그러니까 가난하더라도 우리는 하나님 앞에서 바른 존재가 되어야 하는 것입니다.

그러므로 가난하면서도 불의한 자는 얼마나 불쌍합니까?

"세력 있는 자라고 두둔하지 말고." 당연한 이야기입니다. 그런데 법이 세력 있는 자의 편으로 이용되고 그들의 불의에 대하여 솜방망이 처벌을 하고 있다면 그것은 하나님의 진노를 만나는 것일 수밖에 없습니다.

여기서 오늘 우리 현실에서 주의 깊게 생각해야 할 주님의 말씀은 이 말씀입니다.

"너는 네 백성 중에 돌아다니며 사람을 비방하지 말며"(레19:16)

요즈음 말로 하면 SNS 상에서 함부로 다는 댓글 혹은 음해성 글들이라 할 수 있습니다. 상대방을 생각하지 않고 함부로 댓글질 하고 아무 생각도 없이 마구잡이로 올려대는 비인격적인 글들 말입니다.

이런 것들 모두가 거룩하지 않은 것입니다. 우리 삶속에 가득한 이 불의함과 무책임함을 어떻게 해야 합니까?

'나의 글과 나의 판결은 공정하고 책임적입니까?'

* Meditatio 묵상
오늘 말씀을 통하여 깨닫게 된 것을 짧게 적어보십시오.

거룩의 얼굴 – 미움과 사랑에 관한 것

* Lexio 읽기 / 레위기 19:17-18
가능하면 오늘의 본문을 먼저 읽는 것이 좋지만 바로 아래 글을 읽어도 좋습니다. 충분히 본
문을 이해하도록 배려하며 글을 썼습니다. 혹시 본문을 읽으신 분은 감동이 오는 말씀이나
단어 혹은 느낌을 간단히 적으시면 좋습니다.

> "형제를 미워하는 마음을 품지 말라. 이웃의 잘못을 서슴지 말고
>
> 타일러 주어야 한다. 그래야 그 죄에 대한 책임을 벗는다."
>
> (공동번역/레19:17)

거룩을 좀먹는 것 중의 하나가 '미움'이라는 것은 두말 할 것도 없습니다. 미움의 방향은 분명 미워하는 대상에게 향하지만 실제로 상처를 입는 사람은 자기 자신입니다. 그러니까 미움이 깊어질수록 그것으로 인한 죄가 나에게서 발생할 가능성이 있는 것입니다. 현대인의 성경이 뉘앙스를 살려 잘 번역하였습니다.

> "너희는 마음으로 너희 형제를 미워하지 말고 그것 때문에 죄를
>
> 짓지 않도록 그와 맺힌 것이 있으면 풀어라."(현대인의성경/레19:17)

오히려 하나님은 매우 적극적인 해법을 제시하셨습니다. 그것은 내가 미워하는 상대방의 잘못을 얘기하고 타일러 주라는 것입니다. "이웃의 잘못을 서슴지 말고 타일러주어야 한다."

사실 용서나 미움의 원인을 직면하지 않을 경우 우리의 미움은 발전된 모습으로 나아갑니다. 앙심을 품고 원수로 여기고 복수하고자 하는 마음이 생깁니다.

어떡하시겠습니까? 하나님은 아예 그런 태도를 버리라고 말씀하시지만 그런 상황에 이르기 전에 앞에서 설명한 미움 대처 방법을 써야 하는 것입니다. 미움에 대한 이러한 태도가 거룩한 삶을 추구하는 자의 모습입니다.

언젠가 우리가 추구해야 할 미움에 대한 거룩의 완성을 하나님이 말씀하셨는데, 그것은 사랑입니다. 주님이 말씀하셨던 바로 그 말씀이기도 합니다.

> "네 이웃 사랑하기를 네 자신과 같이 사랑하라 나는 여호와이니라"(레19:18)

문맥상에서 볼 때 '미움의 대상인 이웃을 사랑하라!'는 말은 너무 쉽지만 너무 어려운 말씀입니다. 그러니까 우린 아직 거룩하지 않은 것입니다.

'원수 같은 이웃을 사랑하는 것에 앞서 자기 자신이라도 사랑하는 하는 존재입니까? 나는 어떠합니까?'

* Meditatio 묵상
오늘 말씀을 통하여 깨닫게 된 것을 짧게 적어보십시오.

- -

- -

거룩의 얼굴 – 순결에 관한 것

* Lexio 읽기 / 레위기 19:19–22
가능하면 오늘의 본문을 먼저 읽는 것이 좋지만 바로 아래 글을 읽어도 좋습니다. 충분히 본
문을 이해하도록 배려하며 글을 썼습니다. 혹시 본문을 읽으신 분은 감동이 오는 말씀이나
단어 혹은 느낌을 간단히 적으시면 좋습니다.

"너희는 내 규례를 지킬지어다 네 가축을 다른 종류와 교미시키
지 말며 네 밭에 두 종자를 섞어 뿌리지 말며 두 재료로 직조한
옷을 입지 말지며"(레19:19)

참 이해하기 힘든 이야기입니다. 어떤 이들은 유전자 조작을 통한 동
물 혹은 식물 개량이나 더 나아가서는 복제까지 하나님께서 미리 염두
에 두고 말씀하신 것이라고 주장하기도 합니다. 그럴 수도 있습니다.

하지만 이 말씀은 이어지는 말씀과 연관시켜 읽는 것이 옳습니다.

"만일 어떤 사람이 다른 사람과 정혼한 여종 곧 아직 속량되거나
해방되지 못한 여인과 동침하여 설정하면 그것은 책망을 받을 일
이니라"(레19:20)

이미 정혼한 사람이 있는 여자(여종)와 한 남자가 동침하면 그것은
죄라는 말입니다. 왜냐하면 이미 그 여인은 정혼한 까닭에 자유로운 몸

이 아니기 때문입니다.

그러니까 하나님은 이 말씀에서 순결을 이야기하고 계신 것입니다. 순결을 지키는 것이 거룩하다는 말씀입니다.

순결의 모양, '밭에 두 종류의 씨를 섞어 뿌리지 말라. 종류가 다른 실로 옷을 짜지 말라.' 참 소박한 순수입니다.

우리 시대, 이미 우리는 순결을 잃었습니다. 한 사람만 사랑하는 것이 너무 힘들어지는 시대 속에서 우리는 이 말씀 읽기를 거부하고 있는지도 모릅니다.

하지만 하나님은 순결을 잃은 이들이 하나님께 나올 수 있는 제사를 드릴 수 있도록 하였습니다. 놀랍게도 속건제였습니다.

> "제사장은 그가 범한 죄를 위하여 그 속건제의 숫양으로 여호와 앞에 속죄할 것이요 그리하면 그가 범한 죄를 사함 받으리라"
> (레19:22)

'순결해야 합니다. 한 가지 색깔의 옷을 입는 것으로 순결을 서약하는 것은 어떻습니까?'

* Meditatio 묵상
오늘 말씀을 통하여 깨닫게 된 것을 짧게 적어보십시오

- -

- -

거룩의 얼굴 – 첫 열매에 관한 것

* Lexio 읽기 / 레위기 19:23-25
가능하면 오늘의 본문을 먼저 읽는 것이 좋지만 바로 아래 글을 읽어도 좋습니다. 충분히 본
문을 이해하도록 배려하며 글을 썼습니다. 혹시 본문을 읽으신 분은 감동이 오는 말씀이나
단어 혹은 느낌을 간단히 적으시면 좋습니다.

"너희가 그 땅에 들어가 각종 과목을 심거든 그 열매는 아직 할례
받지 못한 것으로 여기되 곧 삼 년 동안 너희는 그것을 할례 받지
못한 것으로 여겨 먹지 말 것이요"(레19:23)

심은 지 얼마 안 된 나무라 할지라도 나무를 심으면 과일은 열리게
되어있습니다. 그런데 하나님이 3년 동안은 열매를 먹지 말 것을 요청
한 것입니다.

일반적인 경우 요즈음 농부들은 나무를 심은 후 2-3년은 열매를 수
확하려하지 않고 가지치기를 통해 나무 자체가 충분히 열매를 맺을 수
있는 튼튼한 나무가 되는 것에 관심을 갖습니다. 그런 점에서 볼 때 하
나님의 가르침은 지혜로운 것임에 틀림이 없습니다.

하지만 이 이야기의 핵심은 열매를 수확해도 되는 4년째의 경우입니
다. 사실상 4년 동안을 기다려온 농부나 식구들에게 4년째 처음 수확한
열매는 정말 사모해 온 결실이었을 것입니다. 그런데 하나님이 그 4년

째 얻은 수확 전부를 하나님께 바칠 것을 요청하신 것입니다.

> "넷째 해에는 그 모든 과실이 거룩하니 여호와께 드려 찬송할 것
> 이며 다섯째 해에는 그 열매를 먹을지니 그리하면 너희에게 그
> 소산이 풍성하리라 나는 너희의 하나님 여호와이니라"(레19:24-25)

하나님의 메시지는 분명합니다. '오로지 하나님 중심으로 살아라, 분명하게 소유권이 하나님에게 있음을 고백하라.'

> "네 재물과 네 소산물의 처음 익은 열매로 여호와를 공경하라"
> (잠3:9)

언제나 처음 것은 하나님의 것이었습니다. 하나님은 매우 분명하게 확인하고 싶으셨던 것입니다. 그렇게 처음 익은 것, 4년 만에 수확한 것을 구별하여 거룩하게 하나님께 드릴 때, 드리는 자가 거룩해지는 것은 당연한 일입니다. 매우 분명하게 소유권이 하나님에게 있다는 것을 고백하는 것이기 때문입니다.

'소득의 첫 번째 것을 하나님께 드려본 적이 있습니까? 얼마나 근사한 일이겠습니까?'

* Meditatio 묵상
오늘 말씀을 통하여 깨닫게 된 것을 짧게 적어보십시오.

- -

- -

거룩의 얼굴 – 문화에 관한 것

* Lexio 읽기 / 레위기 19:26–37
가능하면 오늘의 본문을 먼저 읽는 것이 좋지만 바로 아래 글을 읽어도 좋습니다. 충분히 본문을 이해하도록 배려하며 글을 썼습니다. 혹시 본문을 읽으신 분은 감동이 오는 말씀이나 단어 혹은 느낌을 간단히 적으시면 좋습니다.

> "너희는 무엇이든지 피째 먹지 말며 점을 치지 말며 술법을 행하
> 지 말며"(레19:26)

하나님께서 피째 먹지 말라고 하시는 이유는 그 피에 생명이 있기 때문이라고 말씀하셨습니다.

> "육체의 생명은 피에 있음이라 내가 이 피를 너희에게 주어 제단
> 에 뿌려 너희의 생명을 위하여 속죄하게 하였나니 생명이 피에
> 있으므로 피가 죄를 속하느니라"(레17:11)

그러니까 피를 먹는 행위는 그 생명을 가볍게 여기는 것으로 보았던 것입니다. 더욱이 자신의 죄를 대신해서 죽은 짐승의 피를 먹는 것은 스스로 거룩을 부정하는 것으로 본 것입니다.

이어 하나님은 가나안 땅에 팽배해있던 모든 무속적 신앙들을 거절하라고 하셨습니다. 점치는 것, 술법, 신접한 자와 박수 무당을 믿지 말

것을 요청하셨습니다.

사실 하나님을 믿음으로 하나님의 자녀가 된 자들이 하찮은 점 따위를 보며 무엇을 결정하는 것은 스스로 거룩함을 천박하게 여기는 행위와 같습니다.

그 외에 머리를 특이하게 깎는 것이나 문신을 행하는 것들, 그 당시에 유행하는 문화로 보입니다. 그런데 그런 문화들은 모두 이방신을 섬기는 것과 밀접한 관련이 있었습니다. 그러니 더더욱 그 같은 행위를 좇는 것은 거룩하다고 말할 수 없었던 것입니다.

그리고 매우 상식적인 것들, 노인을 공경하고, 함께 살고 있는 외국인들을 같은 동포처럼 사랑하며 살아야 한다고 요청하셨습니다. 이 모든 것들을 지키며 사는 것이 거룩함이었습니다. 하나님이 말씀하신대로 지켜 살려고 하는 것 말입니다.

"너희는 내가 정해 주는 모든 규정과 내가 세워 주는 모든 법을 지켜 그대로 살아야 한다. 나는 야훼이다."(공동번역/레19:37)

'어떻게 해야 온전한 거룩함에 이르는 것입니까?'

* Meditatio 묵상
오늘 말씀을 통하여 깨닫게 된 것을 짧게 적어보십시오.

하나님은 우리를 거룩하게 하신다

* Lexio 읽기 / 레위기 20:1-27

가능하면 오늘의 본문을 먼저 읽는 것이 좋지만 바로 아래 글을 읽어도 좋습니다. 충분히 본문을 이해하도록 배려하며 글을 썼습니다. 혹시 본문을 읽으신 분은 감동이 오는 말씀이나 단어 혹은 느낌을 간단히 적으시면 좋습니다.

> "너희는 거룩하라 이는 나 여호와 너희 하나님이 거룩함이니라"
>
> (레19:2)

18장과 19장에서 약 30번 정도를 반복하는 말씀이 있는데, 그것은 "나는 너희의 하나님 여호와이니라" 그리고 "나 여호와 너희 하나님이 거룩함이니라"라는 말씀입니다. 그리고 거기에서 비롯된 하나님의 부탁이 "너희는 거룩하라"는 요청입니다. 그것은 타협의 여지가 없는 것이었습니다.

특히 19장에서 하나님은 거룩을 추구하는 것이 어떤 태도와 삶의 양식을 가져야 하는 것임을 가르치셨습니다. 그리고 20장이 등장합니다. 사실 20장은 18장과 19장의 반복적 기록으로, 몇 가지의 것에 대하여 자세하게 설명한 장입니다. 두말 할 것 없이 강조하기 위함임을 알 수 있습니다.

1-5절은 자식을 제물로 바치는 몰렉신 제사에 대한 경고(레18:21)를, 6-9절은 신접한 자와 박수 무당을 좇는 행위에 대한 경고(레19:31)

를 강조한 것입니다. 그리고 10-21절은 음란한 모든 죄에 대한 말씀 (레18:6-20)의 반복이었습니다. 다시 강조한 것입니다.

그런데 18장과 19장의 경고를 반복하면서 없었던 말씀이 추가된 것들이 있습니다. 예를 들어 몰렉에게 자식을 바치는 제사를 드린 자는 "반드시 죽이되 그 지방 사람이 돌로 칠 것"(레20:2)을 명령하셨습니다.

어머니나 아버지를 저주한 자, 남의 아내와 간음한 자, 가증한 친족끼리의 패륜적 성행위, 동성애, 더욱이 짐승과의 수간을 하는 자들은 반드시 죽여야 한다는 단호한 징벌을 말씀하셨습니다.

"반드시 죽일지니라"(레20:9,10,11,12,13,15,16등)

그 이유는 우리가 이미 살펴온 것처럼 하나님이 거룩한 존재이시기 때문이시고, 그런 까닭에 하나님이 우리를 거룩하게 하시기 때문임을 알 수 있습니다.

"너희는 스스로 깨끗하게 하여 거룩할지어다 나는 너희의 하나님
여호와이니라… 나는 너희를 거룩하게 하는 여호와이니라"(레20:7-8)

'하나님은 우리를 거룩하게 하십니다. 그것의 결과가 징벌로 나타날 수 있는 것입니다.'

* Meditatio 묵상
오늘 말씀을 통하여 깨닫게 된 것을 짧게 적어보십시오.

제 5 부

거룩의 추구

스스로 거룩을 추구하는 자

* Lexio 읽기 / 레위기 21:1-24
가능하면 오늘의 본문을 먼저 읽는 것이 좋지만 바로 아래 글을 읽어도 좋습니다. 충분히 본문을 이해하도록 배려하며 글을 썼습니다. 혹시 본문을 읽으신 분은 감동이 오는 말씀이나 단어 혹은 느낌을 간단히 적으시면 좋습니다.

> "야훼께서 모세에게 말씀하셨다. 너는 아론의 아들 사제들에게
> 이렇게 일러주어라. 사제는 아무도 일가친척의 시체에 닿아 부정
> 을 타는 일이 없도록 하여라."(공동번역/레21:1)

제사장은 전혀 다른 삶을 살아야 했습니다. 그들은 특별히 하나님께서 거룩하게 한 자들이기 때문이었습니다. 하나님이 그들을 거룩하게 하신 것은 거룩한 하나님의 일을 하게하기 위함이었습니다.

심지어 제사장들은 어떤 시체에도 가는 것이 원칙적으로 허용되지 않았습니다. 왜냐하면 그들은 하나님을 위해서 사는, 구별되어진 거룩한 존재이기 때문이었습니다. 그런 까닭에 그들을 거룩하게 여길 것을 하나님은 말씀하셨습니다.

> "너는 그를 거룩히 여기라 그는 네 하나님의 음식을 드림이니라
> 너는 그를 거룩히 여기라 너희를 거룩하게 하는 나 여호와는 거
> 룩함이니라"(레21:8)

'제사장을 거룩히 여기라.' 하나님의 일을 하는 자에게 주어지는 거룩함이었습니다. 그렇다고 해서 자동적으로 거룩해지는 것은 아니었습니다. 그들의 거룩은 하나님에게서 나오는 것이었습니다. 그러므로 제사장들은 하나님을 의식해야 했습니다. 거룩을 유지해야 했습니다.

'제사장은 스스로 거룩을 추구하는 자이다.'

제사장은 반드시 아론의 자손이어야 했지만 동시에 육체적으로, 정신적으로 문제가 없는 이어야 했습니다. 하나님이 거룩하시고 온전한 분이시기 때문이었습니다. 상징적으로라도 그래야 했습니다.

> "누구든지 너의 자손 중 대대로 육체에 흠이 있는 자는 그 하나님
> 의 음식을 드리려고 가까이 오지 못할 것이니라"(레21:17)

'흠 없고 완전하다. 하나님 앞에 서는 우리가 추구해야 할 당연한 것입니다. 그렇지 않습니까?'

* Meditatio 묵상
오늘 말씀을 통하여 깨닫게 된 것을 짧게 적어보십시오.

거룩한 것들 앞에서 거룩하라

* Lexio 읽기 / 레위기 22:1-33
가능하면 오늘의 본문을 먼저 읽는 것이 좋지만 바로 아래 글을 읽어도 좋습니다. 충분히 본문을 이해하도록 배려하며 글을 썼습니다. 혹시 본문을 읽으신 분은 감동이 오는 말씀이나 단어 혹은 느낌을 간단히 적으시면 좋습니다.

"그들에게 이르라 누구든지 네 자손 중에 대대로 그의 몸이 부정하면서도 이스라엘 자손이 구별하여 여호와께 드리는 성물에 가까이 하는 자는 내 앞에서 끊어지리라 나는 여호와이니라"(레22:3)

'부정해서는 안 된다.' 하나님에게 속한 거룩한 것들, 성물들은 하나님의 거룩과 관계된 것이어서 그것을 다루는 사람도 거룩해야 했습니다. 그렇지 않고 함부로 다룬 자들은 하나님 앞에서 추방당했습니다.

그러므로 우리는 거룩해야 합니다. 하나님이 거룩하시기 때문이고, 하나님의 거룩한 말씀인 성경이 우리 앞에 있기에 거룩해야 합니다. 예배는 하나님을 만나는 거룩한 순간이기에 우리는 거룩해야 하고, 우리가 만나는 하나님의 사람들은 거룩한 성도이기에 거룩해야 하는 것입니다.

거룩한 것들 앞에서 우리는 늘 거룩해야 합니다.

이런 까닭에 하나님 앞에 나와 제사를 드릴 때는 언제나 거룩한 기준에 맞는 아름답고 흠 없는 것을 드려야 했습니다. 거룩해야 하기 때문입니다.

> "너희는 눈 먼 것이나 상한 것이나 지체에 베임을 당한 것이나 종기 있는 것이나 습진 있는 것이나 비루먹은 것을 여호와께 드리지 말 며 이런 것들은 제단 위에 화제물로 여호와께 드리지 말라"(레22:22)

까다로워 보이지만 이 같은 하나님의 요청을 보면서 하나님이 매우 인격적인 분이심을 알게 됩니다.

뿐만 아니라 하나님은 매우 섬세하고 따뜻한 분이심을 알게 됩니다. 예를 들어 암소나 암양을 감사 제물로 바칠 경우에는 같은 날에 어미와 새끼를 죽이는 것을 금하셨습니다.

> "암소나 암양을 막론하고 어미와 새끼를 같은 날에 잡지 말지니 라"(레22:28)

사소해보일지 모르지만 하나님의 마음의 깊이를 알 수 있는 구절입니다.

'이 사소해 보이는 명령을 통해서 하나님의 어떤 마음이 느껴지십니까?'

* Meditatio 묵상
오늘 말씀을 통하여 깨닫게 된 것을 짧게 적어보십시오.

거룩한 모임들

* Lexio 읽기 / 레위기 23:1~44

가능하면 오늘의 본문을 먼저 읽는 것이 좋지만 바로 아래 글을 읽어도 좋습니다. 충분히 본문을 이해하도록 배려하며 글을 썼습니다. 혹시 본문을 읽으신 분은 감동이 오는 말씀이나 단어 혹은 느낌을 간단히 적으시면 좋습니다.

> "이스라엘 자손에게 말하여 이르라 이것이 나의 절기들이니 너희
> 가 성회로 공포할 여호와의 절기들이니라"(레23:2)

우리는 하나님 나라 백성인 까닭에 하나님 나라의 삶을 살아야 합니다. 그것이 옳습니다. 그렇다면 '어떻게 지키며 살아야 하는가?'라는 물음에 하나님이 허락하신 것이 "절기"였습니다. 먼저 하나님은 가장 기본적인 것으로 안식일을 지킬 것을 요청하셨습니다. 오늘날 우리도 지켜야 할 이 내용의 핵심은 간단했습니다.

> "그 날에는 아무 일도 하지 말고 거룩한 모임을 열어야 한다. 어
> 디에서 살든지 너희는 이 날을 야훼에게 바치는 안식일로 삼아
> 라."(공동번역/레23:3)

안식일의 기본은 '쉬는 것'과 '거룩한 모임, 예배로의 참여'였습니다. 사실 오늘의 문제는 쉬지 않는 것과 거룩하지 않은 모임과 삶에 집중하는 데 있습니다. 쉬지 않는다는 것은 이 세상에서의 삶을 모든 것으

로 여기는 삶이라 할 수 있습니다. 그러므로 쉬는 것은 하나님 중심으로 내 시간과 삶을 디자인하겠다는 고백입니다. 놓쳐서는 안 될 거룩한 태도입니다.

그리고 하나님이 말씀하신 나머지 절기들은 하나님의 경륜이 들어있는 절기 들이었습니다. 우선 정월(니산월) 14일에 지키는 유월절은 양의 피를 문설주에 바르는 것으로 그리스도의 대속을 상징함을 금방 알수 있습니다. 그리고 15일부터 칠일동안 무교병을 먹는 무교절을 지켰습니다. 이어 곡물의 첫 이삭 한 단을 하나님께 드리는 것은 초실절로 정월 16일에 드려졌습니다. 그리고 칠칠절 혹은 맥추절이라고도 불리는 오순절은 정월 15일부터 50일째 행해지는 절기였습니다.

이외에도 민간력으로 1월이며 유대력으로는 7번째 달인 티쉬리월 1일에 나팔절을 드렸습니다. 나팔절은 나팔을 불어 새 이스라엘의 회복을 말하는 것으로 신약적 의미로는 그리스도의 구속을 알리는 것이라 할 수 있습니다. 그리고 9월 10일까지 속죄할 준비를 갖춘 후 대속죄일로 드려졌습니다.

'현대적 상황에서 우리 역시 거룩한 모임에 참여하길 사모해야 합니다. 어떻게 참여하고 계십니까?'

* Meditatio 묵상
오늘 말씀을 통하여 깨닫게 된 것을 짧게 적어보십시오.

자신을 괴롭게 하라

* Lexio 읽기 / 레위기 23:26-32
가능하면 오늘의 본문을 먼저 읽는 것이 좋지만 바로 아래 글을 읽어도 좋습니다. 충분히 본
문을 이해하도록 배려하며 글을 썼습니다. 혹시 본문을 읽으신 분은 감동이 오는 말씀이나
단어 혹은 느낌을 간단히 적으시면 좋습니다.

> "일곱째 달 열흘날은 속죄일이니 너희는 성회를 열고 스스로 괴
> 롭게 하며 여호와께 화제를 드리고 이 날에는 어떤 일도 하지 말
> 것은 너희를 위하여 너희 하나님 여호와 앞에 속죄할 속죄일이
> 됨이니라"(레23:27-28)

'괴롭게 하다'라는 표현을 공동번역 등 일부 번역들은 "단식"으로 해
석하기도 하지만 '괴롭게 하다'로 번역된 히브리어 단어 '아나'는 '괴롭
히다, 자기를 낮추다, 자책하다' 등의 의미를 갖고 있습니다. 그러니까
'괴롭게 하다'의 의미는 말 그대로 백성들과 민족의 죄를 회개하기 위하
여 모두가 죄를 의식하고 하나님 앞에 겸비하는 의미라고 해석해야 옳
습니다. 더불어 이는 속죄일의 중요한 행위였습니다.

또 한 가지 속죄일의 중요한 행위는 '아무 일도 하지 않는 것'이었습
니다.

"이 날에 누구든지 어떤 일이라도 하는 자는 내가 그의 백성 중에

서 멸절시키리니 너희는 아무 일도 하지 말라"(레23:30-31)

문맥상 일하지 않고 쉬는 것도 '괴롭게 하는' 일임을 알 수 있습니다. 실제로 일을 하면 더 많은 부를 얻을 수 있는데 일을 멈춰야 하기 때문입니다. 그런 의미에서 괴로운 일이라 말할 수 있습니다.

그런데 일하지 않음으로 스스로 세상 중심으로 사는 것을 내려놓고 하나님 중심으로 전환하는 것이 이 안식의 의미였습니다.

> "이는 너희가 쉴 안식일이라 너희는 스스로 괴롭게 하고 이 달 아
> 흐렛날 저녁 곧 그 저녁부터 이튿날 저녁까지 안식을 지킬지니
> 라"(레23:32)

단순히 쉬는 것으로써 안식일을 생각한 것은 우리 오해였음을 알 수 있습니다. 성경은 "쉴 안식일"이라고 기록하였지만 "스스로 괴롭게" 할 것을 요청하셨기 때문입니다. 하나님은 우리가 이 세상 사는 동안 세상의 논리에 빠져 세상의 부와 성공을 추구하기 원하는 것을 아신 것입니다.

'하나님 앞에서 나를 괴롭게 하는 것은 무엇입니까?'

* Meditatio 묵상
오늘 말씀을 통하여 깨닫게 된 것을 짧게 적어보십시오.

지성소, 성소, 번제단

* Lexio 읽기 / 레위기 24:1–9

가능하면 오늘의 본문을 먼저 읽는 것이 좋지만 바로 아래 글을 읽어도 좋습니다. 충분히 본문을 이해하도록 배려하며 글을 썼습니다. 혹시 본문을 읽으신 분은 감동이 오는 말씀이나 단어 혹은 느낌을 간단히 적으시면 좋습니다.

> "아론은 회막안 증거궤 휘장 밖에서 저녁부터 아침까지 여호와
> 앞에 항상 등잔불을 정리할지니 이는 너희 대대로 지킬 영원한
> 규례라"(레24:3)

이스라엘 백성이 하나님께 제사 드리던 곳은 회막 혹은 성막이었습니다. 회막과 성막이 같은 것인지 혹은 차이점이 있는 것인지 궁금할 수 있는데, 의견은 다양합니다. 하지만 이렇게 정리할 수 있습니다.

우선 성막(聖幕, NIV/the tabernacle)은 말 그대로 하나님이 임재하시는 거룩한 장소인 지성소와 성소를 말한다고 볼 수 있습니다. 반면에 회막(KJV/the tabernacle of the congregation, NIV/the Tent of Meeting)은 회중도 함께 모일 수 있는 의미에서 좀 더 넓은 개념으로 쓰인다고 말할 수 있지만 일반적으로 성막과 회막은 같은 것이라 보는 것이 옳습니다.

회막, 첫 문을 통해 들어가면 제물을 불태워 드리는 "번제단"(출

27:1-8)이 있고 지나치면 바로 "물두멍"(출30:17-21)이 있었습니다. 바로 제사장들이 성소에 들어가기 전에 손과 발을 씻는 곳이었습니다.

성소로 들어가면 좌측에 성소를 밝히는 "등잔대"(금촛대, 출37:17-24)가 있고 우측에는 떡을 진설하는 "떡상"(진설대, 출37:10-16)이 있었습니다. 그리고 지성소 바로 앞에는 하나님께 분향하는 "분향단"(출37:25-29)이 있었습니다.

이제 "지성소"입니다. 지성소에는 일 년에 한번 대제사장이 자신의 죄와 온 이스라엘이 지은 죄를 대속하기 위하여 제사를 드리는 대속죄일에만 들어갈 수 있었습니다. 지성소 안에는 "법궤"(언약궤, 증거궤)만 있었는데, 그 안에는 십계명이 쓰인 두 돌판, 만나가 담긴 항아리 그리고 아론의 싹 난 지팡이가 들어있었습니다.

놀라운 사실은 우리가 예수 그리스도의 십자가 대속의 죽음으로 말미암아 담대히 이러한 지성소로 바로 들어가게 된 것입니다.

> "예수께서 피를 흘리심으로써 우리는 마음 놓고 지성소에 들어가게 되었습니다. 예수께서는 휘장을 뚫고 새로운 살길을 우리에게 열어주셨습니다."(공동번역/히10:19-20)

'하나님 앞에서 바로 예배할 수 있다는 것은 기적입니다!'

* Meditatio 묵상
오늘 말씀을 통하여 깨닫게 된 것을 짧게 적어보십시오.

무서운 이야기 1 : 돌로 쳐 죽여라

* Lexio 읽기 / 레위기 24:10-16
가능하면 오늘의 본문을 먼저 읽는 것이 좋지만 바로 아래 글을 읽어도 좋습니다. 충분히 본문을 이해하도록 배려하며 글을 썼습니다. 혹시 본문을 읽으신 분은 감동이 오는 말씀이나 단어 혹은 느낌을 간단히 적으시면 좋습니다.

"그 이스라엘 여인의 아들이 여호와의 이름을 모독하며 저주하므
로 무리가 끌고 모세에게로 가니라 그의 어머니의 이름은 슬로밋
이요 단 지파 디브리의 딸이었더라"(레24:11)

아버지가 애굽 사람이고 어머니가 이스라엘 사람인 아들이 있었습니다. 어머니가 이스라엘 사람인 까닭에 그도 이스라엘 사람이었습니다.

그런데 어느 날 그 아들이 다른 이스라엘 사람과 시비가 붙었는데 그 아들이 "여호와의 이름을 모독하며 저주"한 것입니다. 어쩌면 아버지가 애굽 사람이란 것에 대한 시비가 붙은 것일 수도 있고 다른 이유가 있었을 수도 있지만 말입니다.

하지만 그 아들이 하나님의 이름을 모독하는 순간 싸움은 끝났습니다. 바로 신성모독으로 잡혀간 것입니다. 그 죄에 대한 심판은 매우 단호하였고 끔찍하였습니다.

"그 저주한 사람을 진영 밖으로 끌어내어 그것을 들은 모든 사람
이 그들의 손을 그의 머리에 얹게 하고 온 회중이 돌로 그를 칠지
니라"(레24:14)

놀라운 것은 '왜 그런 상황이 나왔는지, 누가 그런 잘못을 유발시킨
것인지' 등 어떤 판단도 없었다는 것입니다. 잘잘못을 따지지 않았습니
다. 그냥 하나님을 모독하고 저주하는 것은 모든 죄를 넘어서는 죄였던
것입니다.

지나치게 단호하고 끔찍해 보일 수 있습니다. 하지만 생각해보십시
오. 다가설 수 없는 존재이신 하나님을 저주하고 모독하는 것 말입니
다. 그것 자체로 모든 것이 끝난 것이기 때문입니다.

우리는 끔찍한 심판에만 초점을 맞춥니다. 하지만 그 아들의 행위는
끔찍한 것을 넘어서는 것이었습니다. 실수로라도 해서는 안 되는 것이
었습니다. 그러므로 너무 가볍게, 심심풀이처럼 하나님을 믿는 것은 옳
지 않은 것입니다. 그렇지 않습니까?

'하나님을 어떻게 믿으십니까? 가볍게 믿으시는 것은 아닙니까?'

* Meditatio 묵상
오늘 말씀을 통하여 깨닫게 된 것을 짧게 적어보십시오.

무서운 이야기 2 : 반드시 갚아라

* Lexio 읽기 / 레위기 24:17-23
가능하면 오늘의 본문을 먼저 읽는 것이 좋지만 바로 아래 글을 읽어도 좋습니다. 충분히 본
문을 이해하도록 배려하며 글을 썼습니다. 혹시 본문을 읽으신 분은 감동이 오는 말씀이나
단어 혹은 느낌을 간단히 적으시면 좋습니다.

> "사람을 쳐죽인 자는 반드시 죽일 것이요 짐승을 쳐죽인 자는 짐
> 승으로 짐승을 갚을 것이며"(레24:17-18)

기독교는 사랑이 핵심인 종교인데 이런 벌에 대한 기록은 당황스러
울 수 있습니다. 이 같은 죄의 보응에 대한 것은 상대적으로 작아 보이
는 것까지 기록되어 있습니다.

> "사람이 만일 그의 이웃에게 상해를 입혔으면 그가 행한 대로 그
> 에게 행할 것이니 상처에는 상처로, 눈에는 눈으로, 이에는 이로
> 갚을지라"(레24:19-20)

분명 이 같은 기록이 당황스러운 것은 사실입니다. 하지만 조금만 더
생각해보면 이 엄청난 보응에 대한 기록이 얼마나 중요한지 알 수 있
습니다.

첫째, 모든 범죄적 행위가 사소해지지 않을 것이기 때문입니다. 그
만큼 자신들의 범죄적 행위, 특히 다른 사람에게 피해를 끼치는 행위가
얼마나 심각한지를 알 수 있기에 말입니다.

둘째, 이는 매우 중요한 것인데, 복수의 단절이 이루어지기 때문입니다. 사실 죄의 역사란 공평하지 않은 집행의 결과입니다. 그런데 약한 자이든, 강한 자이든 그 죄에 대한 공평한 집행은 억울한 자가 생기지 않게 할 것입니다. 그 때 더 이상의 복수는 무의미하게 되기에 죄와 복수의 반복이라는 악순환이 끝날 수 있습니다.

셋째, 가난하고 약한 자에게 정의가 세워지는 방법이기 때문입니다. 일반적으로 강하고 돈을 가진 자들은 빠져나갈 방법이 있었습니다. 그런데 그것을 원칙적으로 차단하는 것이기에 정의 앞에서 약한 자나 강한 자 모두 동일해 질 수 있습니다.

무엇보다 중요한 것은 이 같은 법을 세워놓으셨지만 정작 하나님은 우리에게 강력하게 집행하지 않으셨다는 사실입니다. 오히려 독생자 예수를 대속의 제물로 삼으심으로 이 모든 보응을 대신 받으신 것입니다. 그러므로 이 법은 우리를 옭아매고 심판하시기 위한 것이 아니라, 우리가 어떻게 살아야 하는지를 말씀하신 하나님의 긍휼의 법이라고 해야 옳은 것입니다.

'만일 내가 지은 죄를 똑같이 갚아야 한다면 나의 죄에 대한 태도는 어떻겠습니까? 그런데 주님이 그 죄를 다 짊어지셨습니다. 어떤 마음이 드십니까?'

* Meditatio 묵상
오늘 말씀을 통하여 깨닫게 된 것을 짧게 적어보십시오.

제6부

거룩한 삶

안식년, 내려놓음의 사건

* Lexio 읽기 / 레위기 25:1-7,18-22
가능하면 오늘의 본문을 먼저 읽는 것이 좋지만 바로 아래 글을 읽어도 좋습니다. 충분히 본문을 이해하도록 배려하며 글을 썼습니다. 혹시 본문을 읽으신 분은 감동이 오는 말씀이나 단어 혹은 느낌을 간단히 적으시면 좋습니다.

> "너는 육 년 동안 그 밭에 파종하며 육 년 동안 그 포도원을 가꾸어 그 소출을 거둘 것이나 일곱째 해에는 그 땅이 쉬어 안식하게 할지니 여호와께 대한 안식이라"(레25:3-4)

이스라엘 백성이 하나님께서 약속하신 가나안 땅에 들어가서 지켜야 할 중요한 것은 안식년이었습니다. 말 그대로 6년 동안 밭을 경작하고 포도원을 가꾸고 수확하지만 7년째는 그 땅을 쉬게 해야 했습니다.

우선 땅에 대한 어떤 경작 활동도 하지 못하였습니다. 그냥 내버려 둬야 했습니다. 그러니까 1년 동안 소유권을 주장하지 못하는 것이었습니다.

순간 이런 걱정이 들 수 있습니다. 그러면 '안식년 기간 동안에는 무엇으로 먹고 사는가?' 하는 걱정 말입니다. 그런데 주님은 '걱정하지 말라'고 하셨습니다. 이유는 간단했습니다. 6년 째 되는 해에 복을 내려 안식년의 삶을 충분하게 해 주시겠다는 것이었습니다.

"만일 너희가 말하기를 우리가 만일 일곱째 해에 심지도 못하고 소출을 거두지도 못하면 우리가 무엇을 먹으리요 하겠으나 내가 명령하여 여섯째 해에 내 복을 너희에게 주어 그 소출이 삼 년 동안 쓰기에 족하게 하리라"(레25:20-21)

참 기막히게 세밀하신 분이십니다. 그러므로 안식년의 핵심은 땅의 소유권이 나의 것이 아니라는 것입니다. 물론 안식년의 의미가 그 땅의 휴식을 의미하는 것이지만, 토지 주인에게 안식년이란 '내려놓음'을 의미했습니다. 그리고 하나님만이 나의 기업임을 고백하는 행위였습니다.

예를 들어 목사가 안식년을 가질 경우 휴식의 개념으로 이해하지만 레위기 말씀을 통해 볼 때 안식년이란 '내려놓음'의 고백입니다. 교회의 주권이 오로지 하나님께 있다는 고백 말입니다. 혹시 '교회가 잘 운영되지 않을까?' 걱정할 수도 있지만 그냥 밭을 내버려두라는 가르침에서 알 수 있듯이, 무엇이든 옳고 그른 것이 드러나고 그 교회의 진실이 드러날 것입니다. 자신을 돌아볼 수 있을 것입니다. 안식이란 이처럼 내려놓는 행위이면서 동시에 주권이 하나님께 있다는 고백임을 알 수 있습니다.

'안식년의 의미가 어떻게 다가오십니까?'

* Meditatio 묵상
오늘 말씀을 통하여 깨닫게 된 것을 짧게 적어보십시오.

희년, 해방은 하나님의 뜻

* Lexio 읽기 / 레위기 25:8-17,23-55
가능하면 오늘의 본문을 먼저 읽는 것이 좋지만 바로 아래 글을 읽어도 좋습니다. 충분히 본문을 이해하도록 배려하며 글을 썼습니다. 혹시 본문을 읽으신 분은 감동이 오는 말씀이나 단어 혹은 느낌을 간단히 적으시면 좋습니다.

> "너는 일곱 안식년을 계수할지니 이는 칠 년이 일곱 번인즉 안식
> 년 일곱 번 동안 곧 사십구 년이라... 너희는 오십 년째 해를 거
> 룩하게 하여 그 땅에 있는 모든 주민을 위하여 자유를 공포하라"
> (레25:8,10)

매 7년째에 안식년으로 지키고 그 안식년을 포함한 7번을 보낸 후 50년째를 하나님은 희년으로 보내라고 말씀하셨습니다. 안식년의 안식, 곧 완전한 안식을 의미했습니다. 완전한 안식, 그것은 자유, 해방을 말하는 것이었습니다.

> "이 해는 너희에게 희년이니 너희는 각각 자기의 소유지로 돌아
> 가며 각각 자기의 가족에게로 돌아갈지며"(레25:10)

만약 땅이라면 원래의 소유자에게로 돌아가는 것인데, 그것은 하나님께로 돌아가는 것을 의미했습니다. 그리고 만일 그가 종이라면 하나님과 가족에게로 돌아가는 것이기에 해방이었습니다.

'이 세상의 무엇도 사람이 영원히 소유할 수 없다.'
'사람은 다른 사람의 영원한 소유가 될 수 없다.'

하지만 희년에 행해야 할 자유를 주고 해방하는 것은 절대로 쉬운 일이 아니었습니다. 많은 해석과 세세한 규정이 필요했습니다. 그런 까닭에 매우 길게 기록된 것입니다.

우선 희년, 해방을 말하자 사람들은 걱정에 사로잡힙니다. 특히 밭을 경작하지 못하는 상태가 벌어질 것이기 때문입니다. 즉 희년 때문에 벌어질 3년 동안의 무경작 상태(49년 안식년, 50년 희년, 51년은 그해 가을에 수확해야 하기에)에 대한 걱정이었습니다. 이에 대하여 하나님은 여섯째 해, 그러니까 48년째에 충분한 수확을 하도록 하나님은 배려하셨습니다.

> "만일 너희가 말하기를 우리가 만일 일곱째 해에 심지도 못하고
> 소출을 거두지도 못하면 우리가 무엇을 먹으리요 하겠으나 내가
> 명령하여 여섯째 해에 내 복을 너희에게 주어 그 소출이 삼 년 동
> 안 쓰기에 족하게 하리라"(레25:20-21)

'문자적 의미에서 희년(1950년)은 지났습니다. 하지만 우리 민족이 통일되는 은혜의 희년이 도래하길 기도합니다. 주여 우리 민족을 긍휼히 여기소서!'

* Meditatio 묵상
오늘 말씀을 통하여 깨닫게 된 것을 짧게 적어보십시오.

하나님만이 나의 하나님이십니다

* Lexio 읽기 / 레위기 26:1-2
가능하면 오늘의 본문을 먼저 읽는 것이 좋지만 바로 아래 글을 읽어도 좋습니다. 충분히 본문을 이해하도록 배려하며 글을 썼습니다. 혹시 본문을 읽으신 분은 감동이 오는 말씀이나 단어 혹은 느낌을 간단히 적으시면 좋습니다.

"너희는 자기를 위하여 우상을 만들지 말지니 조각한 것이나 주상을 세우지 말며 너희 땅에 조각한 석상을 세우고 그에게 경배하지 말라 나는 너희의 하나님 여호와임이니라"(레26:1)

우리를 향한 하나님의 바람은 소박하기 이를 데 없습니다. 레위기를 마무리 하면서 하나님이 꺼낸 이야기는 십계명 중 일부 계명에 대한 소박한 반복이었기 때문입니다.

읽었듯이 처음 것은 '하나님만 하나님이시다'라고 고백하라는 것이었습니다. 정말 소박한 계명입니다. 이렇게 생각해보십시오. 아버지가 아들에게 '나는 네 아버지'라는 사실을 고백하고 다른 아버지에게로 가지 말라고 하는 것과 같은 것이기 때문입니다.

두 번째는 하나님이 하나님 되심을 인정한다면 하나님을 하나님으로 인정하는 삶, 곧 예배자의 삶을 살며, 하나님이 거하시는 성소를 귀중하게 여겼으면 좋겠다는 것입니다.

하나님이 무슨 대단한 요구를 하시는 것입니까?

충분히 하나님은 많은 요구를 하실 수 있으신 분이십니다. 하나님만이 참 신(神)이시고 다른 신들은 모두 조각해서 만든 우상에 불과하기 때문입니다.

그렇다면 문제는 무엇입니까? 우리가 하나님을 모르는 것입니다. 무지한 것이 문제입니다. 앞에서 예를 든 것처럼 자기 아버지를 모르는 아들이 문제인 것입니다. 특히 자기 멋대로 살고 싶어 하는 아들이 아버지를 거추장스러워하는 것이 문제입니다.

"나는 너희의 하나님 여호와이니라"(레26:1)

'나는 네 아버지이다.' 이 얼마나 아픈 말씀이십니까? 믿지 못하는 아들에게 '나는 네 아버지이다'라고 반복하는 것이 마음 아픈 것 같이 하나님이 반복해서 말씀하시는 이 표현이 자신의 가슴을 아프게 하지 않습니까?

'이렇게 크게 소리 질러 고백해보십시오. '하나님만이 나의 하나님이십니다.' 다시 한 번 외쳐보십시오.'

* Meditatio 묵상
오늘 말씀을 통하여 깨닫게 된 것을 짧게 적어보십시오.

- -

- -

순종과 의존

* Lexio 읽기 / 레위기 26:3-13
가능하면 오늘의 본문을 먼저 읽는 것이 좋지만 바로 아래 글을 읽어도 좋습니다. 충분히 본문을 이해하도록 배려하며 글을 썼습니다. 혹시 본문을 읽으신 분은 감동이 오는 말씀이나 단어 혹은 느낌을 간단히 적으시면 좋습니다.

"나는 여호와이니라 너희가 내 규례와 계명을 준행하면 내가 너
희에게 철따라 비를 주리니 땅은 그 산물을 내고 밭의 나무는 열
매를 맺으리라"(레26:2-4)

이 부분을 읽을 때는 마치 동화의 전형적인 레파토리처럼 '그리하
여.... 행복하게 살았습니다.'로 끝나는 즐거운 이야기로 다가왔습니다.

그런데 매우 중요한 전제가 있었습니다. 그것은 이스라엘의 몫이
고 바로 우리의 몫이었습니다. 한 마디로 줄여서 말하면 "순종"입니다.

"만일 너희가 내 법에 따라 살고 내 명령에 순종하면"
(현대인의성경/레26:3)

순종이 문제입니다. 우리가 우리 마음대로 사는 것이 문제입니다. 이
런 말을 해도 사람들은 집요하게 이렇게 질문합니다.

'그래도 하나님의 법과 규례 그리고 형벌 규정이 너무 심하지 않습니까?'

그렇지 않습니다. 왜냐하면 우리가 잘 살면 되기 때문입니다. 다른 사람에게 피해를 주지 않고 우리의 삶을 인도하시는 하나님을 신뢰하고 살면 되기 때문입니다.

설령 그렇게 살지 못하고 잘못을 범하더라도 그렇게 큰 문제는 아닙니다. 하나님께서 회복되는 방법을 세세히 제사법을 통하여 말씀하셨기 때문입니다. 더욱이 지금 우리는 예수 그리스도의 십자가 보혈로 깨끗하게 되었습니다.

반복할지 모릅니다. 그것도 관계없습니다. 우리가 하나님 앞에 필요한 것은 진정성일 뿐입니다. 그것의 표현이 순종입니다. 완벽하게 행한다는 뜻이 아니라 그렇게 살고자 한다는 것이고, 하지 못할 때는 그 때에도 주시는 해결 방법을 따라가면 되는 것입니다. 핵심은 순종과 의존인 것입니다. 그것으로 충분한 것입니다. 하나님이 우리에게 무슨 대단한 요구를 하고 계신 것입니까? 깊이 생각해보십시오.

'순종하면 됩니다. 그렇지 않습니까?'

* Meditatio 묵상
오늘 말씀을 통하여 깨닫게 된 것을 짧게 적어보십시오.

이유가 뭡니까?

* Lexio 읽기 / 레위기 26:14-26
가능하면 오늘의 본문을 먼저 읽는 것이 좋지만 바로 아래 글을 읽어도 좋습니다. 충분히 본문을 이해하도록 배려하며 글을 썼습니다. 혹시 본문을 읽으신 분은 감동이 오는 말씀이나 단어 혹은 느낌을 간단히 적으시면 좋습니다.

"그러나 너희가 내게 청종하지 아니하여 이 모든 명령을 준행하지 아니하며 내 규례를 멸시하며 마음에 내 법도를 싫어하여 내 모든 계명을 준행하지 아니하며 내 언약을 배반할진대 내가 이같이 너희에게 행하리니"(레26:14-16)

바로 앞 절에서 우리는 순종하는 이스라엘에게 주어진 축복의 이야기를 읽었습니다. 이어 나온 말씀이 바로 이 말씀입니다.

'순종하지 아니하면... 내가 이 같이 너희에게 행하겠다.'

하나님은 우리에게 순종하지 않았을 경우에 일어날 저주를 다음과 같이 이야기하셨습니다.

첫 번째 언급하신 저주는 폐병과 열병으로 대표되는 질병(레26:14-17)입니다. 두 번째 저주는 가뭄과 흉년으로 인한 황폐함(레26:18-20)이었습니다. 세 번째는 들짐승 등의 습격(레26:21-22)입니다.

하지만 여기서 우리가 잊지 말아야 할 것은 이 저주들이 한꺼번에 이루어지는 것이 아니라 돌이키지 않으면 이어지는 저주라는 사실입니다. 앞의 몇 구절만 적습니다.

> "또 만일 너희가 그렇게까지 되어도 내게 청종하지 아니하면"
> (레26:18)

> "너희가 나를 거슬러 내게 청종하지 아니할진대"(레26:21)

> "이런 일을 당하여도 너희가 내게로 돌아오지 아니하고 내게 대
> 항할진대"(레26:23)

이에 대해 하나님이 반응하시겠다고 말씀하신 것입니다.

> "나 곧 나도 너희에게 대항하여 너희 죄로 말미암아 너희를 칠 배
> 나 더 치리라"(레26:24)

그렇다면 우리가 끝까지 하나님께 순종하지 아니하고 반대하고 대항하며 살아야 할 이유가 있는 것입니까? 도대체 왜 그 흔한 '잘못했습니다. 다시 해 보겠습니다'라는 고백도 하지 않고 이토록 끝까지 내 멋대로 살려는 것입니까? 도대체 이유가 무엇입니까? 왜 그런 것입니까?

'왜 우리는 이토록 끝까지 불순종하며 내 멋대로 살려고 하는 것입니까?'

* Meditatio 묵상
오늘 말씀을 통하여 깨닫게 된 것을 짧게 적어보십시오.

돌아설 수 있는 자는 행복하다

* Lexio 읽기 / 레위기 26:27-39

가능하면 오늘의 본문을 먼저 읽는 것이 좋지만 바로 아래 글을 읽어도 좋습니다. 충분히 본문을 이해하도록 배려하며 글을 썼습니다. 혹시 본문을 읽으신 분은 감동이 오는 말씀이나 단어 혹은 느낌을 간단히 적으시면 좋습니다.

"너희가 이같이 될지라도 내게 청종하지 아니하고 내게 대항할진
대 내가 진노로 너희에게 대항하되 너희의 죄로 말미암아 칠 배
나 더 징벌하리니"(레26:27-28)

'하나님이 진노하시다!'

지금까지 하나님이 가르쳐주신 삶의 방법을 한 마디로 말하면 구별된 삶 곧 거룩한 삶입니다. 이 세상의 방법과 쾌락과 탐욕 그리고 죄 된 삶을 살지 않고 하나님의 사람들답게 살아야 한다는 것이 하나님의 부탁이셨습니다. 그런데 자기 마음대로 산 것입니다.

'만일 그렇게 살면 하나님이 화를 내시겠다!'

정말 지극히 당연한 이야기입니다. 우리의 잘못에 대하여 여러 경로로, 여러 방법으로 경고하고 징계하시겠지만 그럼에도 불구하고 계속 반복하면 하나님이 진노하시겠다는 말씀입니다.

그런데 이상하게 하나님의 진노가 따뜻하게 느껴집니다. 물론 징계

를 받는 이스라엘 백성은 힘들겠지만 하나님의 말씀 속에 숨겨진 사랑이 보이기 때문입니다.

하나님의 진노와 징계의 내용은 매우 구체적이면서 동시에 시간적인 순서가 보입니다. 그런데 우리는 알다시피 이 같은 하나님의 진노가 실제로 진행될 때 회개함으로 하나님께로 쉽게 돌아서지 않습니다.

왜 그런 것입니까?
죄의 속성 때문에 그렇습니다. 일단 죄의 길에 들어서면 그 죄로 인한 결과의 끝을 볼 때까지 진행되기 때문입니다. 도중에 죄에서 돌아서는 것이 힘들기 때문입니다. "죄의 삯이 사망"(롬6:23)에 이르는 까닭입니다.

> "그들은 나뭇잎 떨어지는 소리에도 쫓기리라. 휘두르는 칼을 피하듯이 도망치리라. 뒤쫓아 오는 사람이 없는데도 쓰러질 것이다."(공동번역/레26:36)

그렇다면 지금 돌아설 수 있는 것이 얼마나 행복하고 다행스러운 일입니까?

'돌아설 수 있는 자는 행복하다. 그렇지 않습니까?'

* Meditatio 묵상
오늘 말씀을 통하여 깨닫게 된 것을 짧게 적어보십시오.

하나님은 다르십니다

* Lexio 읽기 / 레위기 26:40-46
가능하면 오늘의 본문을 먼저 읽는 것이 좋지만 바로 아래 글을 읽어도 좋습니다. 충분히 본문을 이해하도록 배려하며 글을 썼습니다. 혹시 본문을 읽으신 분은 감동이 오는 말씀이나 단어 혹은 느낌을 간단히 적으시면 좋습니다.

"너희가 이같이 될지라도 내게 청종하지 아니하고 내게 대항할진
대 내가 진노로 너희에게 대항하되 너희의 죄로 말미암아 칠 배
나 더 징벌하리니"(레26:27-28)

이 말씀을 자세히 읽어보면 하나님이 진노하신 또 다른 이유를 알 수
있습니다. 그것은 그들이 하나님을 "대항"했기 때문입니다. 그것이 하
나님이 진노하시는 결정적 이유였습니다.

"그들이 나를 거스른 잘못으로 자기의 죄악과 그들의 조상의 죄
악을 자복하고 또 그들이 내게 대항하므로 나도 그들에게 대항하
여"(레26:40-41)

참 무서운 일입니다. 분명 처음에는 하나님이 주신 말씀과 규례들을
사소한 영역에서만 지키지 않았을 것입니다. 분명히 하나님의 말씀들
이 거슬렸을 것입니다. 그래서 거슬리지 않기 위해 말씀을 잊고 자신의
뜻대로 살았을 것입니다. 그런 상황이 점점 커져가면서 하나님의 말씀
을 여러 영역에서 청종하지 않는 상황으로 발전된 것입니다. 그리고 마

침내 하나님을 "대항"하는 존재가 된 것입니다.

처음부터 하나님을 대항한 것이 아닙니다. 시간이 흐른 결과 어느 날 하나님을 대항하는 끔찍한 존재가 된 것입니다. 결국 그것은 하나님을 잊은 것의 결과였습니다.

그런데 하나님은 달랐습니다. 하나님은 달리 반응하셨습니다. 하나님은 기억하신 것입니다. 나중 이스라엘을 회복하시는 것도 기억에서 시작하십니다. 하나님은 사람들과 세운 언약을 핑계로 회복을 계획하신 것입니다. 참 기막히신 하나님이십니다.

> "내가 그들을 내버리지 아니하며 미워하지 아니하며 아주 멸하지
> 아니하고 그들과 맺은 내 언약을 폐하지 아니하리니 나는 여호와
> 그들의 하나님이 됨이니라 내가 그들의 하나님이 되기 위하여 민
> 족들이 보는 앞에서 애굽 땅으로부터 그들을 인도하여 낸 그들
> 의 조상과의 언약을 그들을 위하여 기억하리라 나는 여호와이니
> 라"(레26:44-45)

'기막히도록 아름다우신 분이 바로 우리 하나님이십니다. 우리가 그분을 기억해야 하는 매우 당연한 이유입니다. 그 분을 삶속에서 기억하십니까?'

* Meditatio 묵상
오늘 말씀을 통하여 깨닫게 된 것을 짧게 적어보십시오.

_____

_____

서원을 폐기할 수 있었다

* Lexio 읽기 / 레위기 27:1-8
가능하면 오늘의 본문을 먼저 읽는 것이 좋지만 바로 아래 글을 읽어도 좋습니다. 충분히 본
문을 이해하도록 배려하며 글을 썼습니다. 혹시 본문을 읽으신 분은 감동이 오는 말씀이나
단어 혹은 느낌을 간단히 적으시면 좋습니다.

> "이스라엘 자손에게 말하여 이르라 만일 어떤 사람이 사람의 값
> 을 여호와께 드리기로 분명히 서원하였으면 너는 그 값을 정할지
> 니 네가 정한 값은 스무 살로부터 예순 살까지는 남자면 성소의
> 세겔로 은 오십 세겔로 하고"(레27:2-3)

어떤 사람이 자신을 하나님께 드리기로 서원했으나, 자신이 없어지
고 힘들어져서 서원을 포기하고 싶을 때의 이야기입니다. 기막힌 것은
하나님이 그 경우, 값을 지불하고 폐기하도록 허용하신 것입니다.

은 한 세겔은 두 데나리온 정도가 되는데, 한 데나리온은 노동자의
하루 품삯인 것을 감안할 때 요즈음 기준으로 20만원 정도 됩니다. 20
세에서 60세의 남자의 경우 서원을 포기할 때 드리는 값은 50세겔이었
으므로 약 1000만원 정도의 값을 지불해야 했습니다. 물론 적은 돈은 아
니었습니다.

> 남자 1개월-5세 : 은 5세겔 / 여자 1개월-5세 : 은 3세겔
> 남자 5-20세 : 은 20세겔 / 여자 5-20세 : 은 10세겔

남자 20~60세 : 은 50세겔 / 여자 20~60세 : 은 30세겔
남자 60세 이상 : 은 15세겔 / 여자 60세 이상 : 은 10세겔

약간은 이상하게 보일 수도 있지만 이 기막힌 규정은 중요한 의미가 있습니다. 첫째는 우리가 드린 서원을 지키지 않아도 된다는 가능성 때문입니다. 얼마의 돈으로 값을 지불한다는 것보다 서원이 폐기될 수 있다는 사실이 중요합니다.

'너무 물질적이지 않은가'라고 말할 수 있지만 가난한 사람들은 자신들의 형편대로 값을 매기면 되었습니다.

"그러나 서원자가 가난하여 네가 정한 값을 감당하지 못하겠으면
그를 제사장 앞으로 데리고 갈 것이요 제사장은 그 값을 정하되
그 서원자의 형편대로 값을 정할지니라"(레27:8)

이 같은 규정으로 서원의 무게를 돈으로 매긴 것은 순전히 사람들을 배려한 것이었습니다. 그리고 더 중요한 것은 서원은 폐기될 수 있다는 것입니다. 하긴 자원하고 기뻐하는 마음이 없는 서원과 헌신이 진정 서원이겠습니까?

'서원보다 중요한 것은 무엇이라고 생각하십니까?'

* Meditatio 묵상
오늘 말씀을 통하여 깨닫게 된 것을 짧게 적어보십시오.

서원은 아름답다

* Lexio 읽기 / 레위기 27:9-27
가능하면 오늘의 본문을 먼저 읽는 것이 좋지만 바로 아래 글을 읽어도 좋습니다. 충분히 본
문을 이해하도록 배려하며 글을 썼습니다. 혹시 본문을 읽으신 분은 감동이 오는 말씀이나
단어 혹은 느낌을 간단히 적으시면 좋습니다.

"사람이 서원하는 예물로 여호와께 드리는 것이 가축이면 여호와
께 드릴 때는 다 거룩하니 그것을 변경하여 우열간 바꾸지 못할
것이요"(레27:9-10)

사람이 가축을 예물로 바치기로 서원했을 경우입니다. 그 순간 그 가
축은 하나님께 드려지는 거룩한 것으로 여겨졌습니다. 그런데 그 가축
이 아까울 경우 무를 수도 있었습니다. 물론 이 경우 그 값에다 오분의
일을 더해 드리면 되었습니다.

"만일 그가 그것을 무르려면 네가 정한 값에 그 오분의 일을 더할
지니라"(레27:13)

가축만이 아니라 집, 밭의 경우도 같은 방식으로 되물릴 수 있었습니
다. 심지어 모든 땅의 소산물이나 태어나는 생축의 첫 새끼는 모두 하
나님의 소유로 규정되어있었지만 이것 역시 그것의 값에다 오분의 일
을 더하면 무를 수 있었습니다.

이 놀라운 말씀의 핵심은 '서원을 무를 수 있다'는 것입니다. 반복하는 이야기이지만 자원하고 즐거움으로 드리지 않는 서원과 예물은 하나님이 기뻐하시지 않는다는 뜻임을 알 수 있습니다.

가만히 돌아보면 누구든지 하나님께 서원을 한 적이 있을 것입니다. 어떤 이들에게는 그것이 족쇄처럼 엄청난 부담으로 이해하는 것을 본 적도 있을 것입니다. 물론 부담을 갖는 것은 바람직한 신앙태도입니다. 하지만 그것 때문에 우리의 삶이 제대로 영위되지 않는 것을 하나님이 즐거워하시지는 않습니다. 그래서 구약에서조차 무를 수 있는 방법을 제시하신 것입니다.

하지만 그 값을 평가한 후에 20%를 더 지불하게 한 것은, 서원하는 순간 그것이 사람이든 가축이든 밭이든 간에 하나님의 것으로 거룩하게 구별된다는 것을 분명히 하신 것입니다. 이는 우리가 잊지 말아야 할 것입니다. 단순히 하나님의 소유라는 의미만이 아니라 우리가 혹은 우리의 것이 세상에 있지만 거룩해진다는 사실 말입니다.

'서원은 아름답습니다. 서원하는 순간 거룩해지기 때문입니다. 그래서 나는 서원합니다. 이 멋진 고백에 참여하시지 않겠습니까?'

* Meditatio 묵상
오늘 말씀을 통하여 깨닫게 된 것을 짧게 적어보십시오.

저주받은 것들을 주의하라

* Lexio 읽기 / 레위기 27:28-34
가능하면 오늘의 본문을 먼저 읽는 것이 좋지만 바로 아래 글을 읽어도 좋습니다. 충분히 본
문을 이해하도록 배려하며 글을 썼습니다. 혹시 본문을 읽으신 분은 감동이 오는 말씀이나
단어 혹은 느낌을 간단히 적으시면 좋습니다.

- -

- -

'서원을 무를 수 있다.' 우리가 지금까지 살핀 내용이었습니다. 그런데 갑자기 다른 논조의 서원에 대한 이야기로 레위기를 마무리하고 있습니다.

> "어떤 사람이 자기 소유 중에서 오직 여호와께 온전히 바친 모든
> 것은 사람이든지 가축이든지 기업의 밭이든지 팔지도 못하고 무
> 르지도 못하나니 바친 것은 다 여호와께 지극히 거룩함이며 온전
> 히 바쳐진 그 사람은 다시 무르지 못하나니 반드시 죽일지니라"
>
> (레27:28-29)

갑자기 '무를 수 없는 것이 있다'고 하나님이 말씀하신 것입니다. 물론 단서가 붙어있습니다. "온전히 바친 모든 것"입니다. 여기서 우리는 질문이 생깁니다. "온전히 바친 모든 것"은 과연 무엇인가 하는 것입니다.

히브리어 성경으로 읽으면 '아크 콜 헤렘'입니다. 여기서 우리가 주의해야 할 단어가 바로 '헤렘'인데, '바쳐진 것'으로 번역될 수 있습니다. 그런데 그 의미가 단순히 '바쳐진 것'이란 의미 말고도 '금지'라는 의미

도 있으며 더 중요한 의미는 '완전한 파괴'라는 뜻입니다.

대표적으로 기록된 곳이 아간의 예입니다. 이스라엘 백성이 여리고 성 전투를 승리로 이끌었지만 여리고 성보다 작은 성인 아이 성과의 전투를 앞두고 하나님은 패배를 말씀하고 계셨습니다. 실제로 이스라엘은 패배하였습니다. 그 이유를 성경은 이렇게 기록하였습니다.

"이스라엘 자손들이 온전히 바친 물건으로 말미암아 범죄하였으니"(수7:1)

여기에서 "바친 물건"으로 번역된 단어가 바로 '헤렘'입니다. 결국 그 의미는 저주 받은 것으로 완전히 진멸해야 할 대상을 말하는 것이었습니다. 그런데 아간이 볼 때 그 전리품들이 괜찮아보였던 것입니다. 그것이 죄의 이유였습니다.

그러므로 오늘 본문 말씀은 우리의 서원에 관련된 것이라기보다는 저주받은 것들에 대한 처리 방법을 말씀하신 것입니다. 오늘 우리에게도 이 저주받은 것들의 묵상이 필요합니다. 사실 오늘 신앙생활의 중요한 부분일지도 모릅니다.

'우리 삶 속에서 저주받은 것들, 절대 가까이해서는 안 되는 것들에 대하여 한번 생각해보십시오.'

* Meditatio 묵상
오늘 말씀을 통하여 깨닫게 된 것을 짧게 적어보십시오.

Be holy because I am holy

* Lexio 읽기 / 레위기 19:1-2
가능하면 오늘의 본문을 먼저 읽는 것이 좋지만 바로 아래 글을 읽어도 좋습니다. 충분히 본문을 이해하도록 배려하며 글을 썼습니다. 혹시 본문을 읽으신 분은 감동이 오는 말씀이나 단어 혹은 느낌을 간단히 적으시면 좋습니다.

---

1. 그동안 우리는 레위기를 살폈습니다. 넘기 힘든 성경말씀이라고 생각했지만 아마 큰 은혜가 있었으리라 생각합니다. 이 레위기 묵상을 하면서 알게 된 가장 중요한 깨달음 한두 가지만 먼저 적어보십시오. 이때 앞의 묵상했던 내용들을 보면서 적지 마시고 지금 생각나는 것을 적으시는 것이 좋습니다.

---

2. 이제는 그동안 했던 묵상을 보면서 레위기 1장부터 27장까지를 훑어 읽어보십시오. 그리고 새삼스럽게 마음에 다가온 내용들과 도전되었던 말씀들을 적어보십시오.

---

3. 아마 동감하셨겠지만 레위기는 하나님에게로 나아갈 수 없는 죄인인 우리가 하나님에게로 나아갈 수 있도록 열어놓으신 하나님의 배려를 적어놓은 책입니다. 이 기막힌 하나님의 배려를 보시면서 느끼신 소감은 무엇입니까?

----

4. 이제 어떤 삶을 살아야한다고 생각하십니까? 레위기를 묵상해오면서 결단하게 된 나의 삶의 자세와 고백은 무엇입니까? 한번 적어보십시오.

"내가 거룩하니 너희도 거룩하라. Be holy because I am holy."(NIV역/레19:2)

* Meditatio 묵상
오늘 말씀을 통하여 깨닫게 된 것을 짧게 적어보십시오.

레위기 이야기

내가 거룩하니 너희도 거룩하라

성경 통독을 결심하고 읽어내려 가다가 마치 거대한 벽처럼 느껴지는 성경이 레위기입니다. 레위기를 읽다가 많은 사람들이 성경 통독을 포기합니다. 그만큼 어려울 수 있는 책이 레위기입니다

왜 어려운 것입니까? 엄밀하게 말해서 레위기는 삶에 대한 책이기 때문입니다. 즉 '구속받은 하나님의 백성으로서 어떻게 살 것인가' 하는 질문과 모든 규범들을 적어놓은 책이기 때문입니다. 언제나 이론보다, 생각보다 행동과 삶은 어렵습니다.

첫 부분 : 하나님께 나아가는 길

책의 첫 부분은 하나님께 나아가는 길을 적어놓은 제사, 곧 예배에 대한 부분입니다. 사실 사람이 하나님께 나아갈 수 있는 방법은 존재하지 않습니다. 부정하고 더러운 사람이 거룩하신 하나님 앞에 나아가는 것 자체가 불가능한 일이기 때문입니다. 그런데 하나님이 모세를 회막,

소위 '미팅룸'(Tent of Meeting)으로 부르신 것입니다. 그 곳에서 하나님은 모세에게 제사법을 가르치셨습니다.

> "이스라엘 자손에게 말하여 이르라 너희 중에 누구든지 여호와께 예물을 드리려거든 가축 중에서 소나 양으로 예물을 드릴지니라"(레1:2)

'제사법을 가르치셨다!' 이것은 매우 중요합니다. 하나님이 가르쳐주신 제사란 하나님에게로 사람이 나아갈 수 있도록 하는 방법이기 때문입니다. 그러니까 하나님이 주신 레위기의 제사법과 그 외의 규례들은 모두 사람들과의 화해와 교제를 강력하게 원하시는 표현임을 알 수 있습니다.

하나님은 매우 단도직입적으로 모세에게 첫 시작부터 제사법을 말씀하셨습니다. 하나님의 강력한 의지를 알 수 있는 부분입니다.

우선 하나님은 번제를 시작으로 해서 총 다섯 종류의 예배에 대한 규례를 말씀하셨습니다. 그 첫 번째 그룹은 하나님과의 교제가 이루지고 있을 때 드리는 제사로 번제(레1장), 소제(레2장), 화목제(레3장)입니다. 이 제사들은 특별히 어떤 죄 때문에 드리는 제사가 아닌 까닭에 자원하여 드리는 헌신의 제사이기도 합니다. 그래서 이 제사들은 하나님 앞에 "향기로운 냄새"(레1:9)의 제사라고 불려 졌습니다. 반면에 두 번째 그룹의 속죄제(레4장)와 속건제(레5장)는 하나님과의 교제가 단절되었을 때 드리는 제사입니다.

제사법은 매우 까다롭게 기록되어 있습니다. 왜 그런 것입니까? 가장 큰 이유는 우리의 죄가 심각하기 때문입니다. 그렇게 쉽게 설명하고 대충 처리할 수 없는 문제이기 때문입니다. 그러므로 이스라엘 백성들은 매우 주의 깊게 제사를 드려야 했습니다. 죄의 문제가 단순하지 않다는 것을 말하는 것이었습니다.

두 번째 부분 : 하나님과의 관계

하나님에게 사람들이 나아가는 길을 가르친 것이 제사법이라면 제사를 드린 후 사람들은 다른 삶의 방식을 택하여야 했습니다. 그런 까닭에 하나님은 이스라엘 백성에게 삶에 대한 방법을 주의 깊게 가르치셨습니다. '어떻게 삶을 살 것인가' 하는 것은 자신이 누구인지를 알게 하는 길이었기 때문입니다.

먼저 재미있게도 하나님은 의식주 문제를 가르치셨습니다. 먹는 문제로 예를 들어보겠습니다. 대표적으로 소나 양 같이 쪽발이면서 새김질하는 것은 먹을 수 있었지만 우리가 자주 먹는 돼지 같이 쪽발이지만 새김질하지 않는 짐승들은 부정하다고 하셨습니다. 이 같은 부정한 짐승들은 먹거나 주검을 만지기만 해도 부정하다고 취급(레11:8)받았습니다. 물고기의 경우는 지느러미가 있고 비늘이 있어야 먹을 수 있었고(레11:9) 새들의 경우는 아예 정확하게 먹을 수 없는 새들(레11:13-19)을 적어놓았습니다. 곤충일 경우 메뚜기 같은 종류는 먹을 수 있지만 날개가 있고 네 발로 기어 다니는 종류는 부정하다고 규정(레11:20-23)하셨습니다.

다 적지는 않았지만 하나님은 이처럼 매우 자세하게 먹는 것에 대하여 말씀하셨습니다. 사실 땅 위에 있는 모든 종류의 살아있는 생물체에 대해 먹을 수 있는 것과 없는 것을 구분하고 부정한 것과 그렇지 않은 것을 규정한 것은 지나친 민감함이 아닌가하고 생각할 수 있습니다. 오늘날 우리는 이 모든 것들을 마구 먹어치우는 상황이기 때문입니다. 하지만 하나님의 생각은 분명했습니다. 우리가 거룩한 존재라는 말로 그 이유를 설명하셨습니다.

> "나는 여호와 너희의 하나님이라 내가 거룩하니 너희도 몸을 구별하여 거룩하게 하고… 나는 너희의 하나님이 되려고 너희를 애굽 땅에서 인도하여 낸 여호와라 내가 거룩하니 너희도 거룩할지어다"(레11:44-45)

우리가 거룩하기 때문이었습니다. 아무 것이나 먹으며 아무렇게나 살 수 없는 존재라는 것을 하나님이 강조하신 것이었습니다. 그렇게 먹을 것과 입는 것 등의 문제를 의식하는 것은, 마치 왕이 아무 것이나 먹을 수 없고 입을 수 없는 것과 같았습니다. 그것 자체가 자신이 누구인지를 알게 하는 통로였기 때문입니다.

하나님은 단순히 먹는 문제만이 아니라 매우 자세하게 정결에 대한 얘기도 적어놓으셨습니다. 출산에 대하여(레12장), 나병/문둥병에 대하여(레13-14장), 유출병에 대하여(레15장) 상세히 적어놓으셨습니다. 그리고 마지막으로 하나님 앞에 이스라엘 전체가 드리는 대속죄일에 대한 규례를 가르치셨습니다. 하나님은 우리가 정결하기를 원하신 것(레16-17장)입니다.

정리하면 예배의 길을 여시고, 어떻게 삶 속에 정결하게 할 것인가를 가르치신 것입니다.

마지막 부분 : 사람들과의 관계 그리고 덧붙인 이야기

하나님께 예배함으로 거룩하게 되고 삶 속에서 민감하게 반응하며 살아야 했던 이스라엘 백성들은 이제 '어떻게 공동체 속에서 살 것인가' 하는 문제를 알아야 했습니다.

먼저 하나님이 강조한 것은 성적 범죄에 대한 규례(레18장)였습니다. 이어 사회질서에 대한 이야기(레19장), 질서를 벗어난 부도덕한 범죄에 대한 형벌에 대한 것을(레20장) 말씀하셨습니다. 이어 하나님과 사람들 사이에서 중보의 역할을 해야 하는 제사장들은 어떻게 성별된 삶을 살 것인지(레21-22장)를 가르치셨습니다.

나머지 부분은 부록이라 할 수 있습니다. 23장은 절기에 대한 것을 기록하였고, 성소 규례(레24장), 안식년과 희년(레25장), 서원과 십일조(레27장)에 대한 기록이 적혀 있습니다.

"내가 거룩하니 너희도 거룩할지어다"(레11:45)

레위기 전체에 흐르는 까다로운 규범들은 한 마디로 말해서 거룩함으로 나아가는 방법이었습니다. 예배 그리고 의식주(衣食住)의 문제까지 모든 영역에서 사람들은 의식하고 긴장해야 했습니다. 즉 하나님의 사람으로 깊이 생각하며 살라는 말씀이었습니다. 거룩하기를 시도하라는 뜻이었습니다. 우리는 하나님에게 속한 하나님의 사람이기 때문입니다.

그래서 레위기가 귀합니다. 이미 많은 영역에서 거룩함과 존귀함

을 오늘날 세대가 상실했기 때문입니다. 우리가 레위기의 가르침에
귀 기울임으로 잃어버린 거룩성을 회복하는 방법이 보일 수 있기 때
문입니다.